시로 쓴 사자성어

시작시인선 0540 시로 쓴 사자성어

1판 1쇄 펴낸날 2025년 7월 31일
지은이 하인근
펴낸이 이재무
기획위원 김춘식, 유성호, 이형권, 임지연, 차성환, 홍용희
책임편집 이호석, 박현승
편집디자인 김지웅, 장수경
펴낸곳 (주)천년의시작
등록번호 제301-2012-033호
등록일자 2006년 1월 10일
주소 (03132) 서울시 종로구 삼일대로32길 36 운현신화타워 502호
전화 02-723-8668
팩스 02-723-8630
블로그 blog.naver.com/poemsijak
이메일 poemsijak@hanmail.net

ⓒ하인근, 2025, printed in Seoul, Korea

ISBN 978-89-6021-816-1 04810
    978-89-6021-069-1 04810(세트)

값 11,000원

*이 책 내용의 전부 또는 일부를 재사용하려면 반드시 저작권자와 (주)천년의시작 양측의 동의를 받아야 합니다.
*잘못된 책은 바꾸어 드립니다.
*지은이와 협의하에 인지는 생략합니다.

시로 쓴 사자성어

하인근

천년의시작

머리말

시를 쓰며 문장을 바라본다. 뜻을 품은 한자(漢字)는 조용히 자리를 지킨다. 그 의미를 들여다보면 마음이 열리고, 한글 속에서도 한자의 그림자가 스쳐 간다. 지금 우리 말에는 알게 모르게 일본어와 외래어가 섞여 있다. 오라이, 빠꾸, 야수리, 모도시…… 익숙해도 그 근원을 떠올리면 어딘가 멀어진 감각이 아득해진다.

말은 남아 있지만, 마음은 예전보다 서로 멀어져 있는지도 모르겠다. 세대 간의 언어는 점점 암호처럼 엇갈리고, 짧아진 말속에서 진심이 흘러나오지 못하는 때도 있다. 이런 흐름 속에서 무엇을 다시 바라보아야 할까 생각하게 된다. 가정에서, 학교에서, 무너진 밥상머리 교육이 떠오르고 사라져 가는 말들의 무게가 더욱 크게 다가온다.

온고지신(溫故知新), 새옹지마(塞翁之馬)…… 살다 보면 이런 말들이 문장이 아니라 삶으로 와닿는 순간이 있다. 어린 학생들의 예절이 흐려진 모습들을 마주할 때면 그저 마음 한구석이 먹먹해진다. 그럴수록, 사람됨을 세우는 교육이 얼마나 절실한지를 더 깊이 느끼게 된다.

한 글자, 한 이름조차 선명하게 새기기 어려운 시대. 부모님의 이름, 내 이름을 한자로 써 보라고 했을 때 당황하는 이들의 눈빛이 오래 남는다. 나는 기억한다. 고(故) 김두평 교장 선생님께서 운동장 조회 시간, 붓으로 등용문(登龍門)을 한지에 쓰시고 연단에 걸어 훈시를 건네시던 그 아침을. 그 정갈한 세 글자 속에 삶을 일으키는 힘이 있었다. 또 한 분, 우리 역사를 바로 세우기 위해 온 생을 바치신 고(故) 김태유 선생님의 정신은 지금도 나의 시를 움직이는 깊은 뿌리가 되었다. 나는 그분들의 뜻을 따라 글자 너머의 마음을 떠올리며 한자 속에 깃든 정신을 시로 풀어내 보고 싶었다.

   사자성어 하나하나가 단지 지식이 아니라 사람을 깨우는 씨앗이 될 수 있다는 믿음. 그 믿음이 이 시집의 시작이었다.

   한글을 사랑하면서도 한자의 품 안에서 말의 뿌리를 다시 바라보고 싶었다. 시로 말하고, 삶으로 새기며, 우리만의 길을 조용히 걸어가는 마음으로 이 시집을 펼쳐 본다.

2025년 7월

—하인근

차 례

머리말

1. 말속에 숨은 칼
그렇게 배를 불렸으니 탈이 나지_가렴주구(苛斂誅求) ——— 13
참 쉽다 혀로 속이기_감언이설(甘言利說) ——— 14
말속에 숨은 칼을 볼 수 있어야_구밀복검(口蜜腹劍) ——— 15
그렇게 달리다간 다 죽어, 제발 좀 쉬어_노마십가(駑馬十駕) ——— 16
요즘 저렇게 말하는 사람 보기 힘든데_방약무인(傍若無人) ——— 17
따라쟁이_부화뇌동(附和雷同) ——— 18
꾀도 꾀 나름_자승자박(自繩自縛) ——— 19
알고 보면 다 똑같은데 좋아하니_조삼모사(朝三暮四) ——— 20
믿을 만한 구석이라곤_표리부동(表裏不同) ——— 21
다 거품이야 거품_허장성세(虛張聲勢) ——— 22
겨루는 사이, 마음이 다쳤다_난형난제(難兄難弟) ——— 23

2. 사람과 사람 사이 온도
누가 이기나 보자_막상막하(莫上莫下) ——— 27
아무것도 없다 할 수 있는 것이라곤_속수무책(束手無策) ——— 28
기다리다 보면_수주대토(守株待兎) ——— 29
고기가 나무 위로 헤엄치고 있다_연목구어(緣木求魚) ——— 30
사람 냄새가 나서 좋다_천려일실(千慮一失) ——— 31
서로 다른 마음을 품었으니_천양지차(天壤之差) ——— 32
그 손길, 뼈마디마다 살아 있다_각골난망(刻骨難忘) ——— 33
옳은 일에는 망설임도 없이_살신성인(殺身成仁) ——— 34
한 번쯤 무너져야 피는 것들_새옹지마(塞翁之馬) ——— 35

너 없이 못 살아_순망치한(脣亡齒寒) ——— 36
뒤집어야 제맛_전화위복(轉禍爲福) ——— 37

3. 삶의 길목에서
아무리 그래도 만날 사람은 만나_천재일우(千載一遇) ——— 41
어깨춤이 절로 나는_청출어람(靑出於藍) ——— 42
밤이 새도록 반딧불, 눈 맞았다_형설지공(螢雪之功) ——— 43
입맛 맞추기 참 힘드네_감탄고토(甘呑苦吐) ——— 44
어려움을 이겨낼 수 있는 힘_고진감래(苦盡甘來) ——— 45
빛을 감출 수 없어 어서 나와_낭중지추(囊中之錐) ——— 46
입이 왜 이리 바짝바짝 마르지_노심초사(勞心焦思) ——— 47
그 마음 알고도 남지_동병상련(同病相憐) ——— 48
닮은 곳 하나도 없어_동상이몽(同床異夢) ——— 49
비 오는 날 아프게 우는 손 마디마디_마부작침(磨斧作針) ——— 50
너라면 잊을 수 있겠어_수구초심(首丘初心) ——— 51

4. 삶은 늘 선택 앞에 선다
눈 아래에 뭐가 있지_의기양양(意氣揚揚) ——— 55
다음이 너무 궁금해_점입가경(漸入佳境) ——— 56
바람 타고 오면 얼마나 좋을까_학수고대(鶴首苦待) ——— 57
밥은 언제 먹나_갑론을박(甲論乙駁) ——— 58
왜 이리 나대니 그러다 죽어_당랑거철(螳螂拒轍) ——— 59
누구 말을 듣고 어디로 가야 하나_설왕설래(說往說來) ——— 60
아무리 모르는 사이라도 그렇지_수수방관(袖手傍觀) ——— 61
보고도 모른 체 하니 마음이 아프지_오불관언(吾不關焉) ——— 62
이젠, 두 다리 쭉 뻗고 자자_유비무환(有備無患) ——— 63
오, 이런 다 알고 왔구나_줄탁동시(啐啄同時) ——— 64
더 착하게 살자_파사현정(破邪顯正) ——— 65

5. 성찰의 시간

쥐구멍은 다 어디로 갔지_후안무치(厚顔無恥) ──── 69

왜 이제 알았을까 잘못 살아온 것을_개과천선(改過遷善) ──── 70

왜, 돈은 어둠을 좋아하지_견리사의(見利思義) ──── 71

잠시 쉬었다 가세_과유불급(過猶不及) ──── 72

정말 뽑길 잘했어 너무 잘해_군자불기(君子不器) ──── 73

어떤 마음으로 살아가야 할까_권선징악(勸善懲惡) ──── 74

열 길 물속과 한 길 사람 속_면종복배(面從腹背) ──── 75

외로움을 타면 어쩌려고_안하무인(眼下無人) ──── 76

쳐놓고 손바닥을 비비다니_자업자득(自業自得) ──── 77

받아들이기 나름_타산지석(他山之石) ──── 78

뭐 믿고 저렇게 까불지_호가호위(狐假虎威) ──── 79

6. 흔들려도 걷는다

끝없는 길 위에 서서_격물치지(格物致知) ──── 83

아무나 마음을 열지 못하지만_역지사지(易地思之) ──── 84

숨을 곳이 너무 많아_오리무중(五里霧中) ──── 85

저 속에 뭐가 있지_외유내강(外柔內剛) ──── 86

하늘과 땅 사이에 크게 떨친 일_입신양명(立身揚名) ──── 87

꼭대기가 지났는데 또_자강불식(自强不息) ──── 88

구멍 난 배에 바가지도 없다니_자포자기(自暴自棄) ──── 89

이러지도, 저러지도 못함_좌불안석(坐不安席) ──── 90

얼마나 아플까_주마가편(走馬加鞭) ──── 91

저 많은 말을 어떻게 적어야 하나_중구난방(衆口難防) ──── 92

마음 가는 대로 하니 너무 좋지_천방지축(天方地軸) ──── 93

7. 고요한 밤에 건네준 마음의 풍경

돌아갈 수는 없는데 어쩌지_고립무원(孤立無援) ──── 97

지켜야 빛이 나는_금과옥조(金科玉條) ──── 98

담 너머 일 모두 잊고_두문불출(杜門不出) ——— 99
둘 다 지쳤어 지금 가면 돼_백중지세(伯仲之勢) ——— 100
어진 마음을 배우려거든 저 집에 가보렴_부자자효(父慈子孝) ——— 101
말없이 건네준 마음_불립문자(不立文字) ——— 102
주고받는 마음엔 뭐가 있을까_심심상인(心心相印) ——— 103
눈웃음 한 송이_염화미소(拈華微笑) ——— 104
여기 있었는데 어디로 갔지_옥상가옥(屋上架屋) ——— 105
누가 뭐래도 새것이 좋긴 좋아_온고지신(溫故知新) ——— 106
아직도 그러고 있어 이 좋은 날에_견원지간(犬猿之間) ——— 107

8. 조용한 질문들
넌 누구니_구우일모(九牛一毛) ——— 111
묵은 벗이 오면 뭘 내놓지_단표누항(簞瓢陋巷) ——— 112
벌어진 입은 다물 줄 모르고_상전벽해(桑田碧海) ——— 113
가까이 하기엔 너무 먼_오월동주(吳越同舟) ——— 114
살피고 또 살피니 다 좋아하네_일일삼성(一日三省) ——— 115
못으로 바늘을 만들다니_절차탁마(切磋琢磨) ——— 116
그 작은 것을 찾으니 다른 일을 해야_창해일속(滄海一粟) ——— 117
가볍게 뛰어넘는 소리_교학상장(教學相長) ——— 118
저 깊은 속 알 수가 없어 물속은 알아도_구중궁궐(九重宮闕) ——— 119
비누가 많이 들겠다 빨래하려면_근묵자흑(近墨者黑) ——— 120
길 위에 핀 꽃 못 봤어_망양지탄(亡羊之歎) ——— 121

9. 가슴에 맺힌 말, 고요한 탄식 속 사람의 온기
눈물이 마를 날이 있을까_맥수지탄(麥秀之嘆) ——— 125
죽음으로 지켜내지도 못하고_비분강개(悲憤慷慨) ——— 126
다오, 제발!_풍수지탄(風樹之嘆) ——— 127
애들 배는 뭐로 채우지_호구지책(糊口之策) ——— 128

다 어디로 사라졌지_혼비백산(魂飛魄散) ――― 129
와! 어떻게 이럴 수가_환골탈태(換骨奪胎) ――― 130
나눔은 또 다른 기쁨_결초보은(結草報恩) ――― 131
손발이 척척 맞아도 너무 잘 맞아_관포지교(管鮑之交) ――― 132
몰라보겠어 눈부시게 달라서_괄목상대(刮目相對) ――― 133
저 목소리에 귀 기울여야_이구동성(異口同聲) ――― 134
더하거나 빼지도 말고 있는 그대로_동호지필(董狐之筆) ――― 135
웃어도 웃는 것이 아닌데 네 마음 내가 알지_이심전심(以心傳心) 136

10. 농담을 감싼 깊은 웃음

참 잘 키웠어요_맹모삼천(孟母三遷) ――― 139
믿음 하나는 믿을 만해_미생지신(尾生之信) ――― 140
쉿! 귓속말로 해_불언장단(不言長短) ――― 141
거기 누구 없소_사면초가(四面楚歌) ――― 142
어떻게 알았지 꼭꼭 숨었는데_삼고초려(三顧草廬) ――― 143
보이는 것이 다가 아니더라_정저지와(井底之蛙) ――― 144
흠잡을 데가 없어 시시하다_천의무봉(天衣無縫) ――― 145
쿡 찍어야 제 맛_화룡점정(畵龍點睛) ――― 146
또 고친다고? 잠이나 자자_조령모개(朝令暮改) ――― 147
그래도 돼, 너는_후생가외(後生可畏) ――― 148

발 문

이승하 한자를 공부하게 하면서 한글을 사랑하게 하는
　　　　마술 같은 시집 ――― 149

1. 말속에 숨은 칼

그렇게 배를 불렸으니 탈이 나지
―苟斂誅求

꼭꼭 숨겨 둔 씨앗
휘리릭 바람이 먼저 혀끝을 댔다
꽃가람² 건너기도 전
쓱 걷어간 봄, 뿌리부터 아렸다
온새미로¹ 품은 흙 되새김도 없이
목구멍이 까칠하게 메였다
오리는 웃는 사이 물밑 발끝은
퍼드득 심장이 뒤집혔다
겉으론 절을 하면서 뒤에서는
포승줄을 곱게 엮고 있더라
가렴주구苟斂誅求라 했지
끝내, 제 새끼 손에 물려 피가 터졌다

가렴주구: 가혹하게 세금을 거두어들이거나 백성의 재물을 억지로 뺏음. (苛 가혹할 가, 斂 거두어들일 렴, 誅 벨 주, 求 구할 구)

1 온새미로: 가르거나, 쪼개지 않고, 생김새 그대로, 자연 그대로, 언제나, 변함없다는 뜻의 순우리말.
2 꽃가람: '꽃이 가득 피어 있는 강' 또는 '꽃이 많이 떠 있는 강'이라는 뜻으로 쓸 수 있는 순우리말.

참 쉽다 혀로 속이기
—甘言利說

살살, 달보드레한¹ 말 한 점
볼 끝까지 후끈 달아올랐다
속지 말자 다짐했건만
또 술술, 그 혀에 발이 묶였어
'좋다'는 말엔 독이 들었다
웃음도 이내 칼집을 여는 걸 보니
삼삼하게² 굴던 입술
쏙 빠지니 입안에 쓴맛만 감돌았지
그 말은 참 잘도 놀더라
귓속에서 꼬물꼬물, 나를 감싸듯
감언이설甘言利說이라더니
끝내, 내 혀가 나를 삼켰다

감언이설: 남의 비위에 맞도록 꾸며 남을 꾀는 말. (甘 달 감, 言 말씀 언, 利 이로울 이, 說 말씀 설)

¹ 달보드레하다: 약간 달큼하다.
² 삼삼하다: 음식 맛이 조금 싱거운 듯하면서 맛이 있다. 사물이나 사람의 생김새나 됨됨이가 마음에 끌리게 그럴듯하다.

말속에 숨은 칼을 볼 수 있어야
―口蜜腹劍

갓바치[1] 한마디에
마음이 쏙 잡혀버린 날이 있었지
꿀떨이 같은 말끝마다
칼 한 자루 안차게[2] 숨겨놨더라
구밀복검口蜜腹劍이라 했지
달콤한 혀끝이 속을 찌를 줄은 몰랐다
웃으며 손을 내밀 땐
등줄기에 서늘한 기척이 흘렀다
다정이라 믿은 말에 기대다
푹, 돌아선 혀끝에 찔리고 말았지
베인 건 등이 아니라
믿음이란 살결 한 겹이었다

구밀복검: 입에서는 달콤한 말을 하지만 뱃속에는 칼을 품고 있음. (口 입 구, 蜜 꿀 밀, 腹 배 복, 劍 칼 검)

[1] 갓바치: 가죽신 만드는 일을 업으로 삼던 사람.
[2] 안차다: 겁이 없고 야무지다.

그렇게 달리다간 다 죽어, 제발 좀 쉬어
―駑馬十駕

뼈마디마디 바람이 꺽지게[1] 털어 낸다
먼지 속 숨결이 한 칸씩 무너지듯
노마십가駑馬十駕란
뒤축을 물고도 끝내 따라가는 말이랬지
툭, 고꾸라질 듯 앞서가는 그림자
느린 걸음일수록 발끝에 불이 들었다
어둠을 밀어낸 자리마다
햇살이, 앙팡지게[2] 터져 나왔다
발등에 붙은 건 흙이 아니라
서걱서걱, 오래 눅인 마음 한 조각
쉬자던 나였는데
지금도 묶은 끈을 왜 자꾸 죄고 있는 걸까

노마십가: 둔한 말도 열흘이면 천자의 수레가 하루 가는 만큼은 갈 수 있음. (駑 둔할 노, 馬 말 마, 十 열 십, 駕 멍에 가)

[1] 꺽지다: 성격이 억세고 꿋꿋하며 용감하다.
[2] 앙팡지다: 몸은 작아도 힘차고 다부지다.

요즘 저렇게 말하는 사람 보기 힘든데
―傍若無人

눈빛이 뻔뻔하다 못해
말보다 먼저 하늘에 날리는 주먹
방약무인傍若無人이 별거냐며
짠 내 밴 말끝으로 더 흔들고 간다
벼는 한뉘[1]를 견디며 익어가고
사람은 허풍으로만 잎사귀를 떨군다
자발없이[2] 날뛰는 손버릇 하나
먼지처럼 날아와 내 안쪽을 파고든다
믿을 구석 다 빠져나간 그 자리에
침묵만이 팔짱을 끼고 자리를 지킨다
철모르게 흐르던 물줄기였건만
결국, 바다를 껴안는 법도 배운다

방약무인: 곁에 사람이 없는 것처럼 행동함. 주위에 있는 다른 사람을 전혀 의식하지 않고 제멋대로 행동함. (傍 곁 방, 若 같을 약, 無 없을 무, 人 사람 인)

[1] 한뉘: 살아 있는 동안.
[2] 자발없다: 행동이 가볍고 참을성이 없다.

따라쟁이
―附和雷同

김밥 하나 라온[1]하게
입속에 춤을 추니 떼로 몰려들고
바늘보다 먼저 가는 실
부화뇌동附和雷同이 늘 네 입에 머문다
바람맞은 꽃잎처럼
흔들리긴 쉬워도 향은 남기지 못하고
새우깡 입에 문 사이
흉내가 먼저 나를 베끼고 스친다
댓글 하나 터지면 말끝마다
덧나는 말이 줄줄이 이어지고
말 줄이며 웃는 순간
맹맹하게[2] 젖던 내가 내 안을 들여다본다

부화뇌동: 자신의 뚜렷한 소신 없이 그저 남이 하는 대로 따라가는 것. (附 붙일 부, 和 화합할 화, 雷 우레 뇌, 同 한가지 동)

[1] 라온: 즐거운.
[2] 맹맹하다: 음식 따위가 제맛이 나지 아니하고 싱겁다.

꾀도 꾀 나름
—自繩自縛

뽀로로[1] 뛴 숨결 하나
가온해[2] 찍힌 눈빛에 덜컥 묶였지
덫도 없건만 혼자
자승자박自繩自縛, 줄을 놓고도 걸렸더라
가만있음 될 일인데
흘린 꼬리 끝이 제 발끝을 감았더군
다 사 준다 큰소리치더니
주머니 바닥엔 찬바람만 우르르 흘렀고
들켰다, 한숨보다 먼저
헐떡이는 이마가 벌써 속을 드러냈다
피노키오 코는 그대로인데
손부터 가려 쥔 건, 찔린 체면이었다

자승자박: 자기가 한 말과 행동에 자기 자신이 얽혀 스스로 곤란하게 됨. (自 스스로 자, 繩 줄 승, 自 스스로 자, 縛 묶을 박)

[1] 뽀로로: 종종걸음으로 재게 움직이는 모양.
[2] 가온해: 가운데.

알고 보면 다 똑같은데 좋아하니
─朝三暮四

콧김 한 줄로도 꾀를 부리는구나
가림새¹ 보니 벌써 한 수 접듯
조삼모사朝三暮四는 숫자만 바뀌었지
결국 먹는 건 똑같은데 어째 더 좋아해
툭툭 터는 말장난에 가리사니²가 사라지고
숟가락 들기도 전에 먼저 웃고 있지 뭐야
숟가락 먼저 간 쪽에
믿음이 따라간 건 말 안 해도 알잖아
아침 셋에 환호하던 입
저녁 넷엔 쓱, 침만 삼키더군
앗싸 가오리
웃는 쪽이 이기는 세상이라며

조삼모사: 당장 눈앞에 나타나는 차이만 알고 그 결과가 같음을 모름을 비유한 말. (朝 아침 조, 三 석 삼, 暮 저물 모, 四 넉 사)

¹ 가림새: 숨기거나 감추는 태도.
² 가리사니: 사물을 판단하고 지각, 분간하는 실마리.

믿을 만한 구석이라곤
―表裏不同

까치놀[1]처럼 곱던 말
툭, 날이 서더라
봄볕 같은 웃음 뒤
뻐끔, 겨울바람이 일었다
표리부동表裏不同이라
속 다르고 겉 다른 두 얼굴
튼싹[2] 기운 스칠 때
이미 낌새는 있었다는 듯
마음 하나 찍어 두려다
내 마음이 먼저 찍히더라
고개를 끄덕인 줄 알았는데
나 아닌 누굴 보고 있다

표리부동: 마음이 음흉하여 겉과 속이 다르거나 말과 행동이 다름을 가리킴. (表 겉 표, 裏 속 리, 不 아닐 부, 同 같을 동)

[1] 까치놀: 석양을 받은 먼바다의 수평선에서 번득거리는 노을.
[2] 튼싹: 이제 막 자라기 시작하는 새싹.

다 거품이야 거품
―虛張聲勢

저리도 소리만 크니
소소리바람[1] 지난 뒤 허탈만 남지
쥐뿔도 없이
허장성세虛張聲勢만 들끓는다
도리깨 쾅쾅 울려도
씨알은 어디로 싹 다 튀었는지
속아줄 줄 알았나
한두 번도 아니잖아 밥 짓는 말까지
오늘도 내가 쏜다며
야발스런[2] 입만 잔뜩 굴리고 갔다
기운 빠진 어깨 하나
혼자서 끝까지 손벽 치고 있더라

허장성세: 실속 없이 큰소리치거나 허세를 부림. (虛 빌 허, 張 베풀 장, 聲 소리 성, 勢 형세 세)

[1] 소소리바람 : 이른 봄의 맵고 스산한 바람.
[2] 야발스럽다 : 보기에 야살스럽고 되바라진 데가 있다.

겨루는 사이, 마음이 다쳤다
―難兄難弟

지긋지긋하지도 않아
갈마보다[1] 팍팍 튀는 눈빛들
난형난제難兄難弟라지만
딴통같이[2] 둘 다 손을 안 든다
힘 좋다 소문난 골목마다
어깨만 부딪쳐도 바람이 들썩인다
그래, 이왕이면 더 센 기운
그 결이 내 쪽으로 기울게 해
마음이 바다 같다고
그럼, 하늘 같은 기개를 내 편에 둬야지

　　난형난제: 두 사물이 비슷하여 낫고 못함을 정하기 어렵다는 뜻. (難 어려울 난, 兄 맏 형, 難 어려울 난, 弟 아우 제)

  [1] 갈마보다 : 양쪽을 번갈아 보다.
  [2] 딴통같이 : 전혀 엉뚱하게.

2. 사람과 사람 사이 온도

누가 이기나 보자
―莫上莫下

무싯날[1] 툭, 열린 뚜껑
툭탁툭탁 비슷한 숨이 맞붙었다
막상막하莫上莫下란 말
숨 섞이자, 판이 출렁였고
어금지금[2] 밀고 당기다
기어이 뿔이 났다, 쿵쾅쿵쾅
힘깨나 쓴다던 텃밭에서
으르렁 이는 호미질에 흙발이 튀었다
젖 먹던 힘 다 빠진 뒤
땀보다 먼저, 그림자가 쓰러지고
이겼다던 둘은 끝내 말없이
무른 흙을 다시 다져주었다

막상막하: 더 낫고 더 못함의 차이가 없음. (莫 없을 막, 上 위 상, 莫 없을 막, 下 아래 하)

[1] 무싯날: 장이 서지 않는 날.
[2] 어금지금하다: 서로 엇비슷하여 정도나 수준에 큰 차이가 없다.

아무것도 없다 할 수 있는 것이라곤
— 束手無策

갑자기 들이닥친 너의 숨소리
훙글방망이놀다[1] 내 심장이 비틀렸다
속수무책束手無策이란 말
삼킨 숨이 먼저 흘러나왔지
붙들었건만 조용히 네 안에 담긴 뜻
숨결처럼 빠져나가고
텅 빈 자리에
울컥, 심장만 웅크리고 있다
허겁지겁 나를 붙안으며[2] 참았지만
먼저 입술을 깨운 건 서늘한 술 한 잔
아무 말도 못 했지만 잔은 끝내
너 쪽으로 기울더라

속구무책: 손을 묶은 것처럼 어찌할 바를 모르고 꼼짝 못 한다는 뜻. (束 묶을 속, 手 손 수, 無 없을 무, 策 계책 책)

[1] 훙글방말이놀다: 남의 일이 잘 되지 못하게 훼방하다.
[2] 붙안다: 두 팔로 부둥켜안다.

기다리다 보면
―守株待兎

산토끼 다 토끼고 없건만
투미하게[1] 그루터기만 꼭 껴안았지
수주대토守株待兎라 했거늘
덜컥, 찬물 한 사발 먼저 들이켰다
바람은 콧방귀만 흥―
이불 속 기대도 뒤웅박질 치더라
손바닥엔 마른 씨앗만
모질게 문지르다 트고 또 트더라
단춤[2]만 추다 감은 썩고
별 하나, 구름에 길 잃고 있더라
바다가 쩍쩍 마를 동안
그물만 들고 멍하니, 나를 낚고 있었다

수주대토: 나무 그루터기에 앉아서 토끼를 기다린다는 뜻으로 요행을 바라는 어리석음을 뜻함. (守 지킬 수, 株 그루터기 주, 待 기다릴 대, 兎 토끼 토)

- [1] 투미하다: 어리석고 둔하다.
- [2] 단춤: 기분 좋게 추는 춤. 율동적으로 가볍게 흔들리는 것을 비유적으로 이르는 말.

고기가 나무 위로 헤엄치고 있다
―緣木求魚

물기 없는 가지 끝
그물을 치며 손부터 저리더라
연목구어緣木求魚라는데
왜 그 마른 끝에만 징하게 머물렀을까
햇살도 비켜 앉은 자리
바람도 짜장[1] 끼니를 놓고 떠났지
으레 기다림만 고여
발등까지 허방에 빠지고
울컥 그림자가 나를 삼키고
쌕쌕[2], 눈물만 낚였더라
버릴 것도 없는 빈 그물
그 속에 내가 엎드려 있었다

연목구어: 나무에 올라가 고기를 구함. 불가능한 일을 한다는 뜻. (緣 인연 연, 木 나무 목, 求 구할 구, 魚 물고기 어)

[1] 짜장: 참, 과연. (옛 서울말로 감탄사처럼 쓰였던 표현)
[2] 쌕쌕: 숨이 차서 거칠게 쉬는 숨소리.

사람 냄새가 나서 좋다
―千慮一失

고빗사위[1] 놓친 한마디
그 사람까지 덜어낼 수 없지요
천려일실千慮一失이라 했잖아요
천 번 중 하나, 숨은 마음일 수도
매끈한 말보다 엉긴 숨결이
더 오래 가슴에 붙더군요
다 가진 이보다 한 줌 비워 둔
틈새가 나를 끌어안더이다
실수라 던진 돌멩이 하나
내겐 따뜻한 체온이었지요
사람 냄새란 그런 거잖아요
흘러서 더 가까워지는 거

천려일실: 아무리 지혜로운 사람이라도 많은 생각을 하다 보면 하나쯤은 실수가 있을 수 있다는 말. (千 일천 천, 慮 생각할 려, 一 하나 일, 失 잃을 실)

[1] 고빗사위: 매우 중요한 대목에서도 가장 아슬아슬한 순간.

서로 다른 마음을 품었으니
―天壤之差

궁따다[1] 엇갈리는 눈빛
사는 쪽과 파는 쪽 숨결부터 어긋난다
비옷 찾는 손끝과
햇빛 가리개 접는 손등 사이
갈마들[2] 듯 속마음이 번갈아 뛴다
같은 자리인데도 발길은 따로 걷는다
천양지차天壤之差라더니
닿을 듯 말 듯, 그 틈이 자꾸 멀어진다
내가 다 맞추면 내가 다 무너지겠지
그래서 이번엔 먼저 돌아섰다
그런데 왜,
이제야 네가 오래 보이는 걸까

천양지차: 하늘과 땅의 차이(差異). 하늘과 땅 사이와 같이 엄청난 차이. (天 하늘 천, 壤 흙덩이 양, 之 갈 지, 差 어긋날 차)

[1] 궁따다: 시치미를 떼고 딴소리를 하다.
[2] 갈마들다: 서로 번갈아 들다.

그 손길, 뼈마디마다 살아 있다
― 刻骨難忘

빚물이¹ 스민 자국마다
울컥, 심장이 먼저 젖습니다
살아 있음이 빛이 되어
속살 깊이, 무늬처럼 새겨졌지요
각골난망刻骨難忘이라 했던가
뼈마디마다 당신이 살아 있습니다
서슴없이² 내민 그 손 하나
내 생의 불씨를 다시 지폈습니다
언젠가 나도 누군가의
꺼질 듯한 숨을 붙들 날이 오겠지요
그날, 내가 건넬 손안에
당신의 떨림이 다시 살아날 겁니다

각골난망: 은혜에 대한 고마운 마음이 뼈에까지 사무쳐 잊을 수 없음.(刻 새길 각, 骨 뼈 골, 難 어려울 난, 忘 잊을 망)

¹ 빚물이: 남의 빚을 대신 갚는 일.
² 서슴없다: 말이나 행동에 망설임이나 거침이 없다.

옳은 일에는 망설임도 없이
―殺身成仁

툭, 심장을 꺼내듯
몸보다 먼저 나선 믿음 하나
살신성인殺身成仁이라 했던가
자신을 지워, 세상을 남긴 사람들
길래¹ 안중근의 총성은
지금도 가슴을 똑, 울린다
하마하마 돌아오지 못할 줄 알면서도
이수현*은 그 선로 끝까지 숨을 밀어 넣었다
온새미로² 빛나는 이름들
오늘도, 망설임 없이 걸어간다

살신성인: 자기의 몸을 희생하여 옳은 도리를 행함. (殺 죽일 살, 身 몸 신, 成 이룰 성, 仁 어질 인)

*이수현: 2001년 1월 26일 일본 도쿄 신주쿠구 신오쿠보역에서 선로에 떨어진 일본인 취객을 구하려다 전동차에 치여 숨진 26세 한국 유학생.

1 길래: 오래도록 길게.
2 온새미로: 자연 그대로, 변함없다는 순우리말.

한 번쯤 무너져야 피는 것들
―塞翁之馬

하마하마[1] 무너지려던 그날
텃밭 둑부터 먼저 주저앉았다
곧추[2] 세워 둔 고랑마다
숨죽인 씨앗들, 뿌리도 접고 엎드렸다
새옹지마塞翁之馬라더니
쓸려 간 흙더미 속에서 싹이 먼저 돋았다
무너진 자리마다
이름 모를 풀꽃들 하나둘 피어났고
값이 더 꺾이던 어느 저녁
자식들 웃음소리에 문이 먼저 열렸다
지금은 괜찮지 않아도
한 번쯤 무너져야 피는 것들

새옹지마: 변방 늙은이가 말을 잃은 이야기. 행복과 불행은 예측하거나 단정하기가 어렵다. (塞 변방 새, 翁 늙은이 옹, 之 갈 지, 馬 말 마)

[1] 하마하마: 어떤 기회를 자꾸 기다리는 모양.
[2] 곧추: 굽히거나 구부리지 않고 곧게.

너 없이 못 살아
—脣亡齒寒

입술이 마르면, 이는 먼저 떨지
순망치한脣亡齒寒, 딱 그런 날이었다
너 하나 빠진 자리엔
영절스럽게[1] 바람부터 들이치고
숨조차 얼어붙던 저녁
다소니[2]야, 넌 등불처럼 와 주었다
엎어진 바람도 둘이 막으니
한쪽만 뚫려도 마음은 자꾸 새더라
금간 그릇 너와 껴안고 나서야
눈물도 제자리를 조용히 찾았다
겨울도,
함께 버틸 얼굴이 되었다

순망치한: 입술이 없으면 이가 시리듯 서로 떨어질 수 없는 밀접한 관계를 뜻한다. (脣 입술 순, 亡 잃을 망, 齒 이 치, 寒 찰 한)

[1] 영절스럽다: 아주 그럴듯하다.
[2] 다소니: 사랑하는 사람.

뒤집어야 제맛
―轉禍爲福

텃밭 고랑 다지다 말고
손끝에 피 한 방울 톡, 맺혔다
지망지망히[1] 심던 씨앗 대신
아리게 뽑아 든 병원 대기표 하나
비 오던 날, 뒤뜰 대추나무
붉은 열매가 먼저 눈물 흘렸다
전화위복轉禍爲福이라니
그 말이 가슴속에, 톡— 되살아났다
장마 속에 베어낸 가지마다
작은 해가 하나씩 떠오른다
울먹이던 삶의 밭고랑 끝에
해 하나, 또렷이 박혀 있듯

전화위복: 재앙이 바뀌어 복이 됨. (轉 구를 전, 禍 재앙 화, 爲 될 위, 福 복 복)

[1] 지망지망히: 조심성이 없고 경박하게 출랑대는 모양.

3. 삶의 길목에서

아무리 그래도 만날 사람은 만나
―千載一遇

불러도 안 오던 봄

문틈마다 살얼음 타고 스르르 들었다

살겠다는 맘도 적이[1] 시들어

바람결에 자꾸 삐끗거리고

선겁다[2], 소스라치게

그 눈빛 적이 깊어 낯설다

천재일우千載一遇라더니

심장이 먼저 달려 나갔다

말보다 떨림이 먼저였고

숨보다 네가 먼저 와닿았다

살 희망도 다 말라가던 날

너로 인해 삶 하나 쑥 자란다

천재일우: 천 년에 한 번 만남. 좀처럼 얻기 어려운 좋은 기회를 이르는 말. (千 일천 천, 載 실을 재, 一 하나 일, 遇 만날 우)

[1] 적이: 꽤 어지간한 정도로.
[2] 선겁다: 감동을 일으킬 만큼 훌륭하거나 굉장하다.

어깨춤이 절로 나는
― 靑出於藍

슬금슬금 따라오더니
어느새 내 그림자를 넘는다
난든집[1]이라 다르다 했지
눈짓만 봐도 먼저 가 있다
청출어람靑出於藍이라더니
빛깔도 짙고 결도 곱더라
비 온 뒤 대순처럼 쑥쑥 자라고
말보다 앞서는 게 일쑤[2]였다
모른다고 하더니 다 알고 있었구나
내 뒷모습에서 길을 꿰었구나
앞섰다 밀던 내가 되레 배우고
졌는데도, 어깨춤이 절로 난다

청출어람: 스승보다 제자가 더 뛰어나거나 훌륭한 경우를 이름. (靑 푸를 청, 出 날 출, 於 어조사 어, 藍 남빛 람)

[1] 난든집: 손에 익어서 생긴 재주.
[2] 일쑤: 드물지 아니하게 흔히.

밤이 새도록 반딧불, 눈 맞았다
―螢雪之功

반딧불 쫓던 밤, 눈발도 함께 따라왔다
눈물 삼키며 했던 말 이제야 눈에 밟힌다
형설지공螢雪之功이라 말은 쉬웠겠지
쌓인 종이만큼의 고단함, 누가 셀 수 있을까
사그랑이¹처럼 말라붙은 뜻을 되씹고
사뭇² 힘껏 펼친 꿈은 책갈피에 눌어 있다
밤새워 익힌 글귀 낮에 눈도 못 붙이고
터득한 것 바람만 들고 간다
반딧불 사라진 자리 눈빛도 눅눅해지고
배운 건 많지만 쓸 곳은 자꾸 줄어든다
덧셈만 알던 나는 이제 **뺄셈**으로 줄고
빛이 꺼진 다음 마음부터 접혀 간다

형설지공: 아무리 어려워도 부지런하고 꾸준하게 공부하는 자세를 이름. (螢 개똥벌레 형, 雪 눈 설, 之 갈 지, 功 공 공)

1 사그랑이: 다 삭아서 못 쓰게 된 물건.
2 사뭇: 거리낌 없이 마구. 내내 끝까지. 아주 딴판으로.

입맛 맞추기 참 힘드네
―甘呑苦吐

단만큼 웃더니 쓴 말엔 휙 고개 돌리고
감탄고토甘呑苦吐란 말, 괜히 생긴 게 아니더라
가무리듯[1] 눈치만 챙기고
겨울엔 품에 안기더니 여름엔 돌린 등
단내만 찾다가
진심은 늘 뒷전으로 넘기고
쓴 말엔 고대[2] 들게 하는 재주
달콤한 말엔 입꼬리가 슬쩍 먼저 웃는다
입술은 바람결, 갈대처럼 기웃거리고
매운맛 삼키지 못한 채 단말만 추켜올린다
맞춰 주다 보니 껍질만 남았고
씹히는 줄도 모르고 삼켜지더라

감탄고토: 옳고 그름을 돌보지 않고, 자기 비위에 맞으면 취하고 싫으면 버린다는 뜻. (甘 달 감, 呑 삼킬 탄, 苦 쓸 고, 吐 토할 토)

[1] 가무리다: 몰래 혼자 차지하거나 흔적도 없이 먹어 버리다. 남이 보지 못하게 숨기다.
[2] 고대: 이제 막. 바로 곧.

어려움을 이겨낼 수 있는 힘
― 苦盡甘來

꾹꾹 눌러 삼킨 말들

속이 쿡, 울컥 터졌다

텃밭처럼 뒤집힌 마음,

빗방울도 쪽―쪽, 따갑게 내렸다

쓴 건 언제나 입에 먼저 오고

단맛은 속에서 천천히 피어난다

비에 젖은 밭고랑 끝에

꽃등[1] 하나 조용히 켜졌다

그 곁에서 고갱이[2] 하나

끝끝내 바람을 이겨 내고 섰다

고진감래苦盡甘來라 했던가

손끝엔 어김없이, 단물 한 방울

지금 이 길도 그럴 게다

너라는 등불이 스스로 피어나는 중이다

고진감래: 고생 끝에 낙이 온다는 말. (苦 쓸 고, 盡 다할 진, 甘 달 감, 來 올 래)

[1] 꽃등: 맨 처음.
[2] 고갱이: 풀이나 나무의 줄기 한가운데에 있는 연한 심. 사물의 중심이 되는 부분을 비유적으로 이르는 말.

빛을 감출 수 없어 어서 나와
―囊中之錐

알아서 먼저 울더라
주머니 속 너는
어둠을 슬쩍 비집고
깎아 놓은 콧대를 찔러댔다
말보다 먼저 선 건
혀끝에 맺힌 숨죽인 올곧음
곰살맞던[1] 그 눈빛
이젠 좀체 수그리지 않고
불끈 솟은 소리 하나
낭중지추囊中之錐란 게 따로 없었다
네가 입을 떼기도 전
늘품[2] 하나, 먼저 불을 켰다

　낭중지추: 주머니 속의 작은 송곳이라는 말로 재능이 뛰어난 사람은 숨어 있어도 저절로 사람들에게 알려짐을 뜻함. (囊 주머니 낭, 中 가운데 중, 之 갈 지, 錐 송곳 추)

[1] 곰살스럽다: 얼굴이나 성미가 예쁘장하고 얌전한 데가 있다.
[2] 늘품: 앞으로 좋게 발전할 품질이나 품성.

입이 왜 이리 바싹바싹 마르지
―勞心焦思

꼭 이겨야 해, 조릿조릿[1] 가슴이 쪼그라든다
눈치 빠른 속눈썹 부르르 떨듯
애는 왜 이리 안 나오지
노심초사勞心焦思로 혀끝이 갈라진다
꺼진 촛불 속 타듯
속은 먼저 활활, 그늘부터 탔다
섬뻑[2] 물을 들이켜도
텅 빈 목구멍엔 마른 소리만 돌고
불은 물로 끌 수 있다지만
애간장은 식을수록 더 끓는다
말 한마디면 될 것을
사랑은 늘, 기다림 끝에서야 목을 축인다

노심초사: 마음을 수고롭게 하고 생각이 지나쳐, 어떤 일에 대한 걱정과 우려로 몹시 불안한 상태를 이르는 말. (勞 힘쓸 노, 心 마음 심, 焦 태울 초 思 생각할 사)

[1] 조릿조릿: 조바심이 나서 마음을 놓을 수 없는 모양.
[2] 섬뻑: 어떤 일이 행하여진 후 곧바로.

그 마음 알고도 남지
— 同病相憐

시린 봄, 살며시 진달래 지듯
짝사랑은 사뭇[1] 속울음만 피운다
꽃잎 후드득 떨어지는 그날
마음은 꽃보다 먼저 져버렸다
나도 그랬다, 너처럼 멍든 봄
같은 병 앓은 우리는 말이 없었다
동병상련同病相憐이라 했던가
피보다 진한 건 함께 흐른 눈물
산돌림[2]처럼 맴돈 속마음들
끝내 껴안고서야 말이 되었다
벚꽃 진 자리에 다시 선 우리,
눈빛 하나로 봄을 건넌다

동병상련: 같은 병을 앓고 있는 사람끼리 서로 불쌍히 여김.

(同 같을 동, 病 병들 병, 相 서로 상, 憐 불쌍히 여길 련)

[1] 사뭇: 내내 끝까지. 거리낌 없이 마구. 아주 딴판으로.
[2] 산돌림: 여기저기 옮겨 다니면서 한 줄기씩 내리는 소나기.

닮은 곳 하나도 없어
―同床異夢

첫돌 밥상에 둘러앉아
짤랑짤랑, 숟가락은 웃고
눈빛은 제각각 흐른다
같은 자리에 앉았지만
동상이몽同床異夢,
맘이 모이긴 좀체[1] 어려워
가멸[2]하다 하더니
속은 꿍꿍이로 다 채웠구나
애한테도 꿈은 슬쩍 피해 가고
같이 웃는 듯 보여도
이 마음은 딴 길을 걷는다
밥을 먹어도, 맘은 비어 있다

동상이몽: 겉으로는 같이 행동하면서 속으로 각기 딴생각을 함. (同 같을 동, 床 평상 상, 異 다를 이, 夢 꿈 몽)

[1] 좀체: 여간하여서는.
[2] 가멸: 재산이 많고 살림이 넉넉한 부를 예스럽게 부르는 말.

비 오는 날 아프게 우는 손 마디마디
―磨斧作針

도끼날 수천 번 갈아

겨우 바늘 만든다니

마부작침磨斧作針이라

나무는 속 시원하겠지

숫돌 살 돈도 없어

손마디마디 우는 날엔

꼬꼬지¹처럼 다물고

꿈틀꿈틀 눈물 감는다

노량²에 둥개다³ 죽을 뻔한 말들

모질게 삼킨 그 입술

지금 이 갈무리해

꼭 해내자, 끝까지 가자

마부작침: 아무리 어려운 일이라도 끊임없이 노력하면 반드시 이룰 수 있음을 이르는 말. (磨 갈 마, 斧 도끼 부, 作 지을 작, 針 바늘 침)

1 꼬꼬지: 아주 오랜 옛날.
2 노량으로: 어정어정 놀면서 느릿느릿.
3 둥개다: 일을 감당하지 못하고 쩔쩔매다.

너라면 잊을 수 있겠어
─首丘初心

아무리 멀리 떠나 있어도
자닝하다[1]는 말엔 귀가 솔깃[2]해지고
수구초심首丘初心,
눈시울 먼저 저며 오면
가슴 저 밑이 따스해진다
뿌리처럼 물든 골목길
한 숟갈 된장 냄새에도
그리움은 소복소복 쌓이고
여우도 난 곳으로 돌아간다는데
어찌 사람은 등을 돌릴까
바람만 스쳐도 울컥,
그쪽이 아직, 내 쪽이라서

수구초심: 여우가 죽을 때 머리를 자기가 살던 굴 쪽으로 두고 죽는다는 말로, 고향을 그리워하는 마음을 비유하는 것. (首 머리 수, 丘 언덕 구, 初 처음 초, 心 마음 심)

[1] 자닝하다: 모습이나 처지가 참혹하거나 불쌍하여 차마 볼 수 없다.
[2] 솔깃하다: 그럴듯해 보여 마음이 쏠리는 데가 있다.

4. 삶은 늘 선택 앞에 선다

눈 아래에 뭐가 있지
—意氣揚揚

허룽거리다[1] 넘어진 줄 알았는데
툭, 털고 일어나선
하늘까지 씩 웃더라
의기양양意氣揚揚,
마루[2] 위에 두 발 딱 올리며
콧등이 쑥 올라섰다
어깨는 벌렁벌렁
말끝마다 바삭바삭
웃음도 허공에 튀더라
그 맛, 맛있긴 했어
근데 너무 자랑 말고
살짝, 머쓱하게[3] 웃는 맛도 있어야지

의기양양: 의기가 드높아 매우 자랑스럽게 행동함. (意 뜻 의, 氣 기운 기, 揚 날릴 양)

[1] 허룽거리다: 말이나 행동이 실없이 가볍고 들뜨게 하다.
[2] 마루: 어떤 사물의 첫째. 어떤 일의 기준.
[3] 머쓱하다: 무안하거나 흥 꺾여 어색하다. 어울리지 않게 키가 크다.

다음이 너무 궁금해
―漸入佳境

조라떨다[1] 넘어졌지
재미있는 건 늘
그즈음에 터지잖아
점입가경漸入佳境이라더니
갈수록 빠져들어
다음 장면은 대체 뭐야
달빛 아래 손만 잡자더니
술도 없는데 입술은 왜 찾아
설마, 그 다음은
휘둥그레진 눈
오도카니[2] 멈춘 손끝
끝난 줄 알았는데, 시작이었어

점입가경: 일일이 점점 더 재미있는 경지로 들어가는 것을 비유하는 말. (漸 점점 점, 入 들 입, 佳 아름다울 가, 境 지경 경)

[1] 조라떨다 : 일을 망치도록 경망스럽게 굴다.
[2] 오도카니 : 넋이 나간 듯이 가만히 서 있거나 앉아 있는 모양.

바람 타고 오면 얼마나 좋을까
— 鶴首苦待

섣달[1] 끝 날에 온다더니
눈까비[2]도 다 지나갔다
학수고대鶴首苦待라니
하늘 보며 목만 길어지고
찬 바람만 가슴을 덮는다
그림자 밟고 나가 보길
콩닥콩닥 몇 밤을 띈 걸까
솟대에 매달린 이 마음
설날도, 별도 못 데려오고
기다림만 차곡차곡 쌓인다
오겠지, 바람 타고
날짜 없는 하루에라도

학수고대: 학처럼 목을 길게 빼고 몹시 기다림. (鶴 학 학, 首 머리 수, 苦 쓸 고, 待 기다릴 대)

[1] 섣달: 음력으로 한 해의 맨 끝 달.
[2] 눈까비: 녹으면서 내리는 눈. '진눈깨비'의 북한어 표현.

밥은 언제 먹나
―甲論乙駁

사랑놀이면 좋으련만
말이 꼬리를 문다
갑론을박甲論乙駁이라지만
그건 논쟁이 아니라
숨 고를 틈 없는 어깃장[1]
닭이 먼저냐, 알이 먼저냐
누가 이기든 밥상은 비어 있고
침묵만이 국처럼 식어 간다
가래다[2] 잠든 건 아니겠지
말끝마다 불꽃이 피는데
그러다 불나면 어쩌려고
애보다 먼저 울지도 몰라

갑론을박: 갑이 논하면 을이 반박함을 이르는 말. (甲 첫째 천간 갑, 論 논할 론, 乙 둘째 천간 을, 駁 논박할 박)

[1] 어깃장: 순순히 따르지 아니하고 못마땅한 말이나 행동.
[2] 가래다: 맞서서 옳고 그름을 따지다.

왜 이리 나대니 그러다 죽어
—**螳螂拒轍**

팔랑팔랑 팔 흔들며
막아보겠단 거니
달그락대는 네 목소리
참 웃기다, 그 꼴이
새 발의 피도 못 되는
당랑거철螳螂拒轍
갈개꾼[1] 같아 보여
나대는 재주 하나는
누가 봐도 질 싸움에
입만 나불대다가
그래 음전하게[2] 졌다
근데, 내가 더 얄밉다

당랑거철: 자기의 힘은 헤아리지 않고 강자에게 함부로 덤빔.

(螳 사마귀 당, 螂 사마귀 랑, 拒 막을 거, 轍 바퀴자국 철)

[1] 갈개꾼: 남의 일에 훼방을 놓는 사람. 닥나무의 껍질을 벗기는 사람.
[2] 음전하다: 말이나 행동이 곱고 우아하다. 또는 얌전하고 점잖다.

누구 말을 듣고 어디로 가야 하나
—說往說來

두둥지게[1] 말꼬리만
주섬주섬 줍다 보니
누구 한 끼 챙기자던
말마저 식어 가고
설왕설래說往說來
혀끝마다 불이 붙어
가고픈 길은 많은데
발끝이 제자리다
낫도 'ㄱ'도 모른 채
끝끝내 헛도는 말
밥은 안 끓고 먼저
옹골지게[2] 속만 탄다

설왕설래: 말이 왔다 갔다 함. 서로 변론을 주고받으며 옥신각신함. (說 말씀 설, 往 갈 왕, 說 말씀 설, 來 올 래)

[1] 두둥지게: 앞뒤가 엇갈려 서로 맞지 않다.
[2] 옹골지다: 실속이 있게 속이 꽉 차 있다.

아무리 모르는 사이라도 그렇지
—袖手傍觀

찔끔이는 울음소리
발등에 맴도는데
콧노래 흥얼대며
등을 돌린 그 자리
바늘 도둑 눈감으면
죄가 키를 넘긴다
맷가마리¹ 한 줌쯤은
매어둬야 하는데
데데해서² 눈 감으면
수수방관袖手傍觀이라
말 없는 죄가 먼저
네 안에서 자라더라

수수방관: 어떤 일을 당해도 관여하지 않고 그대로 내버려 둠.
(袖 소매 수, 手 손 수, 傍 곁 방, 觀 볼 관)

1 맷가마리 : 매를 맞아야 마땅한 사람.
2 데데하다 : 변변하지 못하여 보잘것없다.

보고도 모른 체하니 마음이 아프지
―吾不關焉

그림자 다리를 깨물어도
본 척 않고 생청[1]만 늘어놓더라
오불관언吾不關焉이라며
속 뒤집고도 손끝 하나 꿈쩍 않더라
금 간 달항아리 속 달이
조용히 새듯, 믿음도 빠져나가고
물에 빠져 살려 달라 해도
노상[2] 못 본 체, 바람만 휙 스치더라
그 일 벌인 네 손끝에서
저절로 수습되길 바란다는 건
눈 감은 죄는 어느 날,
네 심장을 먼저 겨누더라

오불관언: 어떤 일에 상관하지 않고 모른 체함. (吾 나 오, 不 아닐 불, 關 빗장 관, 焉 어찌 언)

[1] 생청: 억지로 쓰는 떼.
[2] 노상: 언제나 변함없이 한 모양으로 줄곧.

이젠, 두 다리 쭉 뻗고 자자
―有備無患

달그락, 빗장 하나 채워 두니
허둥지둥 바람도 발길을 돌린다
유비무환有備無患이란 글귀
문패보다 먼저 마음에 걸어 두고
빈틈없이 다져온 하루는
내박치듯[1] 닥쳐도 쉽게 꺾이지 않는다
울력[2]으로 쌓은 마음 살 하나
큰비에도 제자리에서 꿋꿋하다
흔들릴 것들 미리 묶어 두었으니
이젠 눈 감고도 고요히 웃을 수 있다
그래도, 깊은 밤엔 한 마음쯤
바람보다 먼저 깨어 있기를

유비무환: 준비가 있으면 근심이 없음. 미리 대비가 되어 있으면 우환을 당하지 않음. (有 있을 유, 備 갖출 비, 無 없을 무, 患 근심 환)

[1] 내박치다: 힘껏 집어내 던지다.
[2] 울력: 여러 사람이 힘을 합하여 일함.

오! 이런 다 알고 왔구나
—啐啄同時

껍질 안, 조용히 숨죽인 몸짓
밖은 먼저, 문을 향해 떨고 있었다
줄탁동시啐啄同時라 하지 않았던가
두 마음 함께일 때, 새는 세상에 온다
앙실방실[1] 너의 숨결 옆에
꺼졌던 등불이 다시 불을 입었다
상그레[2] 감춘 말 한 줌
너의 눈길에 솔솔, 제 살처럼 흩어졌다
네가 달려오던 발소리 속에
먼저 달린 건 내 속마음이었다
그날 열린 건 문이 아니라
서로를 부르던 첫울음, 한줄기였다

줄탁동시: 병아리가 알에서 깨어나기 위해서는 어미 닭이 밖에서 쪼고 병아리가 안에서 쪼며 서로 도와야 일이 순조롭게 완성됨을 뜻함. (啐 부를 줄, 啄 쫄 탁, 同 같을 동, 時 때 시)

- [1] 앙실방실:어린아이가 소리 없이 귀엽고 환하게 웃는 모습.
- [2] 상그레:눈과 입을 귀엽게 움직이며 소리 없이 부드럽게 웃는 모양.

더, 착하게 살자
―破邪顯正

파랗게 질린 갈맷빛[1]
남실남실[2] 웃으며 다가오고
어둠 걷어낸 걸음마다
파사현정破邪顯正이 피어나네
낡은 의자, 삐걱삐걱 긁어주니
시원하다 하소연하고
흙탕에 빠진 샛별[3],
개밥바라기 닮은 얼굴 떠오른다
또르륵 비집고 나온 나쁜 마음
소리 타고 슬그머니 달아나고
파도 이불 풀썩 펴서
해맑게, 마음 한 채 싹 털었다

파사현정: 그릇된 것을 깨트려 없애고 바른 것을 드러낸다.

(破 깰 파, 邪 간사할 사, 顯 나타날 현, 正 바를 정)

- [1] 갈맷빛: 짙은 초록빛.
- [2] 남실남실: 물결 따위가 보드랍게 자꾸 굽이쳐 움직이는 모양.
- [3] 샛별: 새벽 동쪽 하늘에 반짝이는 금성.

5. 성찰의 시간

쥐구멍은 다 어디로 갔지
—厚顔無恥

얼굴이 어찌나 두꺼운지
뭘 안 발라도 번드르르하더라
후안무치厚顔無恥라 했던가
그 말조차 아깝단 생각 들더라
내 책인데 왜 네가 들고
내 마음마저 겹겹이 찢어갔지
어쭙잖아서[1] 말 못 하고
쿡쿡 찔린 채 웃고만 있었지
자발없이[2] 웃던 내 모습
네 눈 속에 어렴풋이 비치더라
쥐구멍조차 사라진 지금
숨을 곳 없는 내가 더 부끄럽다

후안무치 : 얼굴이 두껍고 뻔뻔스러워 부끄러워할 줄 모르는 태도를 뜻함. (厚 두터울 후, 顔 얼굴 안, 無 없을 무, 恥 부끄러울 치)

[1] 어쭙잖다 : 비웃음을 살 만큼 언행이 분수에 넘치는 데가 있다.
[2] 자발없다 : 행동이 가볍고 참을성이 없다.

왜 이제 알았을까 잘못 살아온 것을
―改過遷善

도두보다[1] 착하게 사는 게
이리 힘든 줄 왜 몰랐을까
개과천선改過遷善 한다 하니
네 엄니가 제일 먼저 웃겠다
깨진 그릇 같은 날들을
데데하게 살아온 게 부끄럽다
직수굿하니[2] 마음을 바로 세우니
하늘 쪽 문이 슬그머니 열리더라
꿈은 아니겠지, 이 기분
어둠 벗어나는 그 순간
이제야 마음 바로잡고
부끄럽지 않게 살겠다

개과천선: 지난날의 잘못을 뉘우치고 고쳐서 착한 사람이 됨.
(改 고칠 개, 過 잘못 과, 遷 옮길 천, 善 착할 선)

[1] 도두보다 : 실상보다 좋게 보다.
[2] 직수굿하다 : 저항하거나 거역하지 않고 하라는 대로 복종하다.

왜, 돈은 어둠을 좋아하지
―見利思義

숯보다 더 검은 눈으로

세상 밝다 말은 쉽지

견리사의見利思義라 해도

먼저 든 건 사각지갑이더라

땅속에 묻은 것들,

그 무게가 마음보다 무겁다

까맣게 탄 속에서도

맑은 눈동자 번져 울고

따르릉 저 자전거 바퀴

삐걱삐걱 쓸쓸한 하루가 쌓이고

자귀빛* 햇살 주워

싹싹 씻은 손 다시 밥 짓더라

견리사의: 이익을 보면 올바름을 생각하라는 뜻. (見 볼 견, 利 이로울 리, 思 생각할 사, 義 옳을 의)

* 자귀빛은 자귀나무처럼 조용히 접히는 수줍고도 여린 빛으로 겉으로는 드러나지 않지만 속 깊은 데까지 은은하게 스며드는 마음의 빛으로 자귀나무와 빛의 결합으로 만든 시어.

잠시 쉬었다 가세
—過猶不及

찌그렁이[1]처럼 과하면
모자람보다 더 서럽다
배부른데도 우걱우걱 더 먹는 건
과유불급過猶不及이지
다 싣고는 못 건너는
개울물도 버리면 건너더라
깻잎 딸 때, 모가지째
따지는 손, 참 번잡스럽다
감 씨가 가죽나무잎
따다 나뭇가지 꺾었다지
쌓인 욕심 다 삼키다
숨 쉴 틈마저 삼켜 버리더라

과유불급: 모든 사물이 정도를 지나치면 도리어 안 한 것만 못함. (過 지날 과, 猶 같을 유, 不 아니 불, 及 미칠 급)

[1] 찌그렁이: 남에게 무턱대고 억지로 떼를 쓰는 짓.

정말 뽑길 잘했어 너무 잘해
―君子不器

물이란 물 다 받아내는
옹골찬 그릇이 그립다
술을 담든 달을 담든
속 깊은 잔은 따로 있지
군자불기君子不器라 했거늘
모양보다 숨결이 먼저더라
나릿물[*]이라 얕잡아도
그 물로 땅이 깎이더라
쿵쿵 냄새를 보는 귀
소리를 맡는 눈이 있다면
파도야 오가더라도
숲 없이 바다는 못 담더라

군자불기: 군자는 형태가 고정된 그릇과 같지 않아서 모든 분야에 원만하게 적응할 수 있음. (君 임금 군, 子 아들 자, 不 아닐 불, 器 그릇 기)

[*] 나릿물: '냇물'의 옛말. 고려가요(高麗歌謠) 「동동(動動)」 2연에 나옴.

어떤 마음으로 살아가야 할까
— 勸善懲惡

두 마음이 마주 앉아
서로의 흉터를 들춰 본다
착한 쪽이 반 발 앞서면
세상도 그만큼 덜 시리다
권선징악勸善懲惡은
혀끝보다 손끝에서 먼저 싹튼다
나쁜 짓 하고 웃는 이를
아이 앞에선 째마리*라 부르지 못한다
참방참방 젖는 마음이
닫힌 문틈에서 새어 나왔지
세상이 다 젖기 전에
내 안의 물기부터 다 닦아야 한다며
겨울을 건너 피는 봄처럼
착한 마음은 더디어도 반드시 피어난다

권선징악: 착한 일은 권장하고 악한 일은 징계함. (勸 권할 권, 善 착할 선, 懲 혼날 징, 惡 악할 악)

* 째마리: 사람이나 물건 가운데서 가장 못된 찌꺼기.

열 길 물속과 한 길 사람 속
—面從腹背

저 많은 탈은 다 누구 거냐
초라떼*처럼 웃고도 칼을 숨기더라
겉으론 알겠다 고개를 끄덕이며
면종복배面從腹背란 말, 그 사람을 두고 했더라
아프지 않게 해달랬지
쓰러지기에 앞서 단 한 번 눈 맞춰 달래며
입안까지 보여줬더니
입꼬리만 남기고 쌩— 등을 돌리더라
꽃잎에 눈물 묻혀 놓고선
여린 허리를 꺾더라 한마디 말로
물보다 더 깊은 게 사람 속이라지만
그 깊이를 먼저 잰 쪽은 따로 있더라.

면종복배: 얼굴로는 복종하고 배로는 등짐. 겉으로는 순종하는 체하고 속으로는 딴마음을 먹음. (面 낯 면, 從 좇을 종, 服 배 복, 背 등 배)

* 초라떼: 격에 맞지 않는 짓이나 차림새로 창피를 당하다.

외로움을 타면 어쩌려고
—眼下無人

말끝마다 벼락이 치고
사시랑이* 하나 없이 들이민다
할 말은 해야 한다며
안하무인眼下無人이 따로 없었어
밥은 잘도 넘기더라
씹어 삼킨 게 미움인지 밥인지
검은 강아지만 너 보면
꼬리부터 먼저 웃었다 사람보다 낫게
짐승보다 못한 눈빛에
눈을 씻고 또 씻었어 뭐라 할 말이 없어서
고개 숙이면 보이잖아
벌레처럼 기는 마음, 그건 못 보나 보다

안하무인: 눈 아래 사람이 안 보임. 스스로 교만하여 남을 업신여김을 이르는 말. (眼 눈 안, 下 아래 하, 無 없을 무, 人 사람 인)

* 사시랑이: 간사한 사람.

쳐놓고 손바닥을 비비다니
―自業自得

가뭄 땐 뒷짐 져놓고
가을날 제일 먼저 숟가락 들더라
씨도 안 뿌린 밭 앞에서
언제 익냐고 발만 동동
자업자득自業自得이라 했지
심은 게 없으면 거둘 것도 없어
파니[1]만 파니, 뿌리는 점점 메말라가고
먼지만 날려 숨이 콱 막히지
눈사태 맞지 않으려
지붕 위 아픔부터 살살 걷어 낸다
멍든 손바닥
밤새 늦추[2]않게 쓸어내린다며

자업자득: 자신이 한 일이 자신에게 돌아감. 자기가 저지른 일의 결과를 자기 받음. (自 스스로 자, 業 일 업, 自 스스로 자, 得 얻을 득)

[1] 파니 : 아무 하는 일 없이 노는 모양.
[2] 늦추 : 때가 늦게. 줄이나 끈 따위를 조이지 아니하고 느슨하게.

받아들이기 나름
—他山之石

험한 돌 하나, 묵직이 굴러와
숨죽인 불꽃 하나, 살짝 몸을 틀었다
같이 걷는 사람의 굽은 걸음도
타산지석他山之石이 될 수 있다
'이뭣고'[1] 한번 가만 묻고 나면
마음이 먼저 고개를 숙인다
움찔움찔 비 오는 날, 떠오르는 말
억수비[2]는 마음마저 잠기게 한다지
겨울을 속에 품은 매화처럼
차가운 날이 피워 낸다 진짜 꽃을
낮게 핀 꽃이 먼저 바람을 안고
모난 돌이 가장 먼저 깎인다

타산지석: 다른 사람의 하찮은 언행이라도 자기 수양에 도움이 될 수 있음을 이르는 말. (他 다를 타, 山 뫼 산, 之 갈 지, 石 돌 석)

- [1] '이뭣고': 불교에서 화두의 하나. 생각과 언어가 끊어져 뚫을 수 없는 은산철벽 너머에 있는 우주와 내가 하나가 되는 수행법.
- [2] 억수비: 물을 퍼붓듯이 세차게 내리는 비.

뭘 믿고 저리 까불지
―狐假虎威

등에 타더니
그게 제 힘인 줄 알다니
호가호위狐假虎威라 했지
크게 짖는 입일수록 뒤가 비었거든
입꼬리만 살살 떠보다
사람 하나를 바싹 말려 놨지
짱 믿고 나대다
결국 꼬리부터 잘렸고
뒷갈망*해줄 줄 알고 날뛰었는데
뒤에선 줄부터 슬쩍 끊더군
진짜 무서운 건
목줄을 쥔 쪽은 끝내 말이 없었다

호가호위: 여우가 호랑이의 위세 빌려 호기를 부림. 남의 세력을 빌려 위세를 부림. (狐 여우 호, 假 빌릴 가, 虎 호랑이 호, 威 위엄 위)

* 뒷갈망 : 일의 뒤끝을 맡아서 처리함.

6. 흔들려도 걷는다

끝없는 길 위에 서서
―格物致知

낱말 하나, 뜨거운 속내로
잉큼잉큼[1] 밤을 끓였다
웃음꽃 핀 저녁 시간에도
나는 뜻을 입에 물고 씹었다
격물치지格物致知라 하지
모든 것의 결을 더듬는 일을
가탈[2]없이 흙을 읽던 손에서
햇살보다 먼저 문장이 솟구쳤다
허공에 던진 물음 하나
눈물로 되돌아와 줄을 그었다
글이 아니었다
삶이 먼저 글을 읽고 있었다

격물치지: 사물에 대하여 깊이 연구하여 지식을 넓히는 것. (格 격식 격, 物 만물 물, 致 이를 치, 知 알, 지)

- [1] 잉큼잉큼: 놀래거나 설레거나 하여 가슴이 자꾸 빨리 뛰는 모양을 나타내는 말.
- [2] 가탈: 일이 순조롭게 나아가는 것을 방해하는 조건. 이리저리 트집을 잡아 까다롭게 구는 일.

아무나 마음을 열진 못하지만
—易地思之

덜컹, 가슴 한켠이
나도 몰래 문을 닫았다
네가 남긴 발끝 소리
마루 밑에 눕던 햇살이 따라왔다
역지사지易地思之 해보니
내가 먼저 젖더라 속마음에
내일처럼 쫓기던 네 오늘이
내 등에 와서 앉더라
그제야 보였다
손바닥 아래 용심¹ 하나
굳은살 아래
온기 둘이 조용히 마주 앉았다

역지사지: 처지를 바꾸어 생각함. 상대편의 처지나 입장에서 먼저 생각해 보고 이해하라는 뜻. (易 바꿀 역, 地 땅 지, 思 생각 사, 之 갈 지)

¹ 용심: 남을 시기하는 심술궂은 마음.

숨을 곳이 너무 많아
―五里霧中

찾을 길도, 나올 길도 막막하다
눈 뜨고도 헛디디는 마음 한 조각
오리무중五里霧中이라더니
이럴 때 쓰라고 남긴 말 같았다
매몰찬[1] 사내는 바람을 타고 사라졌고
데팽이[2] 한 마리, 남아 나를 힐끗 쳐다봤다
사뿐사뿐 드나드는 발자국들
모른 척하는 소리만 골목을 채운다
빛보다 그림자가 먼저 웃고
숨을 곳은 많은데 마음 둘 데가 없다
들킨 적 없는 울음
골목 벽에 아주 작게 웅크린다

오리무중: 짙은 안개가 5리나 끼어 있는 속에 있음. 무슨 일의 방향이나 상황을 알 수 없음을 이르는 말. (五 다섯 오, 里 마을 리, 霧 안개 무, 中 가운데 중)

[1] 매몰차다: 인정이나 싹싹한 맛이 없고 아주 쌀쌀맞다.
[2] 데팽이: 심마니들의 은어로, '안개'를 이르는 말.

저 속에 뭐가 있지
―外柔內剛

흰 눈 위, 자국조차 남기지 않게
사뿐사뿐 걷는 힘이 있다
외유내강外柔內剛, 그 말처럼
맑갛게 웃는 속에 불씨 하나 숨겨 두고
알싸하게[1] 언 땅을 녹이던
봄 아지랑이의 속도 이랬을까
알심[2] 같은 말 한 줌,
속마음까지 스미듯 데워내고
막걸리 머금은 웃음 앞에서도
굳게 세운 뜻은 흐트러지지 않았다
밝음이 어둠을 감싸듯
오늘도 속은 더 뜨겁게 타오른다

외유내강: 겉으로는 부드러우나 속은 굳셈. 겉으로는 순하게 보이나 속은 곧고 강함. (外 바깥 외, 柔 부드러울 유, 內 안 내, 剛 굳셀 강)

[1] 알싸하다: 매운맛이나 독한 냄새로 콧속이나 혀끝이 알알하다.
[2] 알심: 보기보다 야무진 힘.

하늘과 땅 사이에 크게 떨친 일
— 立身揚名

엄니 품을 나설 때
하냥다짐[1] 한 줌 가슴에 묻고
입신양명立身揚名
불씨처럼 속을 지폈다
느루하게[2] 피어도
제철인 꽃은 향기부터 번지고
허드렛일도 척척,
바람결에 이름이 날았지
어둠이 짙을수록
등불은 멀리까지 퍼졌고
지새운 이름 하나
아침보다 먼저, 피어오른다

입신양명: 몸을 세워 이름을 드날림. 출세하여 이름을 세상에 떨침. (立 설 립, 身 몸 신, 揚 날릴 양, 名 이름 명)

- [1] 하냥다짐: 일이 잘되지 못했을 때는 목을 베는 형벌을 받겠다고 하는 다짐.
- [2] 느루: 늘. 한꺼번에 몰아치지 아니하고 오래도록.

꼭대기도 지났는데 또
—自强不息

해만큼 올라선 마음
꼴깍, 삼켜도 다시 끓는다
자강불식自强不息으로 갈아엎은 하루
텃밭에선 풀잎도 날마다 스르륵 크고
뽑아도 또, 삐죽 고개를 든다
누가 이기겠나, 저 웃음부터 진다
꽃샘바람 휘몰아도
복사꽃은 이미 피고야 마니
가다귀[1] 속에서 번지는 뜻
저 혼잣불로 환히 퍼진다
가시[2] 말에도 피어나는 마음
가만, 웃음 한 송이 더 튼다

자강불식: 스스로 힘쓰고 쉬지 않는다. 자신의 목표를 향해 끊임없이 노력하는 것. (自 스스로 자, 强 힘쓸 강, 不 아닐 불, 息 쉴 식)

[1] 가다귀: 참나무 따위의 잔가지로 된 땔나무.
[2] 가시: '아내' 또는 '아내의 친정'이라는 뜻을 더하는 접두사. 난초시인 심현보의 시 「가시 사랑」을 보고 인용.

구멍 난 배에 바가지도 없다니
―自暴自棄

싹싹 끌어모은 한 칸

말없이 종잇장처럼 날아갔다

피천[1] 만큼의 숨결

자포자기自暴自棄 속에 젖고

잘코사니[2] 걸린 꿈 하나

비질비지르, 축축히 꺼져 간다

무릎엔 통장

통장엔 구멍

속울음 철벅이며

낡은 마음을 탈탈 턴다

텅 빈 배 안에서

내가, 나를 건져 올린다

자포자기: 자신을 스스로 헤치고 버림. (自 스스로 자, 暴 사나울 포, 自 스스로 자, 棄 버릴 기)

[1] 피천: 매우 적은 액수의 돈.
[2] 잘코사니: 미운 사람의 불행을 고소하게 여길 때 나는 소리.

이러지도, 저러지도 못함
―坐不安席

왜 이렇게 안 오지
종알바람만 창틀에 붙어 떠돈다
설날이면 또 좌불안석坐不安席
큰딸 걱정에 등받이도 못 믿는다
솥뚜껑처럼 펄펄 끓던 그날
도스르다¹ 종지처럼 마음만 달궜다
첫 벚꽃 피면 보자더니
나뭇가지들만 입맛을 다시고 있다
이 밤에도 온다는데
발등눈² 쌓이고 골목은 꽁꽁 얼었다
올 듯 말 듯하다 보니
기다림이, 이젠 익숙해졌다

좌불안석: 마음이 불안해 자리에 편히 앉아 있지 못하고 안절부절못함. (坐 앉다 좌, 不 아닐 불, 安 편할 안, 席 자리 석)

1 도스르다: 무슨 일을 하려고 별러서 마음을 다잡아 가지다.
2 발등눈: 발등까지 빠질 만큼 많이 내린 눈.

얼마나 아플까
―走馬加鞭

당근은 어데 가고
데따[1] 아픈 매만 내리친다
불난 엉덩이에 또 한 대,
주마가편走馬加鞭이라며 웃더라
말보다 내가 더 헐떡이고
숨이 즈려지게[2] 갈팡질팡 뛴다
꽃은 천천히 피는데
넌 피기도 전에 뽑히려 하니
모난 바퀴가 제일 먼저 닳지
늘 먼저 부러지는 건 잘하는 쪽이더라
누굴 이기려고 그렇게 달렸어
멈춰 보니, 네 그림자만 남았더라

주마가편: 달리는 말에 채찍을 더함. 잘하는 사람을 더욱 잘하도록 격려함. (走 달릴 주, 馬 말 마, 加 더할 가, 鞭 채찍 편)

[1] 데따: 매우, 아주, 도리어의 방언(강원, 경남, 전라, 충청).
[2] 즈려지게: 숨이 찢어질 듯 가쁘게, 지치게(전라도 방언).

저 많은 말을 어떻게 적어야 하나
―衆口難防

가납사니¹ 쏟아지듯 입들만 북새통
시작은 날씨 얘기, 끝은 따로 국밥
제발 손으로 말하자 했더니
중구난방衆口難防, 산도 옮길 기세
물 먹일 수도 없고 물어볼 틈도 없다
개구리 합창도 이보단 낫겠다
눈 감으니, 소리만 커져
귀가 먼저 멍든다
사람의 입이 제일 큰 파도라더니
밀려들어 내 속까지 쓸고 간다
가론²처럼 흔들리는 마음
그 안에 진심 하나, 숨 쉬고 있다

중구난망: 막기 어려울 정도로 여럿이 마구 떠듦. (衆 무리 중, 口 입 구, 難 어려울 난, 防 막을 방)

1 가납사니: 쓸데없는 말을 지껄이기 좋아하는 수다스러운 사람.
2 가론: 말하기를, 이른바.

마음 가는 대로 하니 너무 좋지
─天方地軸

알라차[1]하고 달려가는 저 발끝

언제 넘어진다 해도 참방참방 곱다

천방지축天方地軸, 마음 가는 대로

흙먼지 속을 파르르 웃는 아이들

와자지껄 한바탕 울다 웃다

넉장거리[2]며 하늘을 껴안았다가 놓는다

비눗방울 터진 자리에 남은 건

허전함 대신 기쁨이 남고

그제야 알았다

질서도 때론, 아이들처럼 춤춰야 한다는 걸

그 웃음 속엔

잊고 있던 봄이 웃고 있었다

천방지축: 어디로 가야지 몰라 이리저리 가만히 있지 못하는 모습을 가리키는 말. (天 하늘 천, 方 모 방, 地 땅 지, 軸 구를 축)

[1] 알라차 : '알라'와 '아차'를 아우르는 말. 경쾌함을 느낄 때 내는 소리.
[2] 넉장거리 : 네 활개를 벌리고 뒤로 벌렁 나자빠짐.

7. 고요한 밤에 건네준 마음의 풍경

돌아갈 수는 없는데 어쩌지
―孤立無援

쪼로니[1] 앉은 얼굴마다 낯설고
살손[2] 한 자락 내밀기도 겁난다
골목마다 등 돌린 바람뿐
고립무원孤立無援이 이리 가까울 줄이야
지푸라기라도 잡으려 손 뻗으면
바람결에 말 한 줌 흩어진다
굽은 나뭇가지도 품 하나 내주는데
내 등 뒤엔 벽 아닌 그림자뿐
따스했던 말들 다 저물고
달빛 하나, 가만히 마음을 더듬는다
그런데,
이 적막이 나를 다정히 안는다

고립무원: 고립되어 아무런 도움도 받지 못한 채 홀로 외로이 서 있음. (孤 외로울 고, 立 설 립, 無 없을 무, 援 도울 원)

[1] 쪼로니: 비교적 작은 것들이 가지런하게 줄지어 있는 모양.
[2] 살손: 무슨 일을 정성껏 하는 손.

지켜야 빛이 나는
―金科玉條

아무리 좋아도
어기면 무슨 소용이 있겠어! 잘코사니
금과옥조金科玉條라더니
윗사람은 먼저 지키던가
가슴에 새기기보다
온몸으로 먼저 보여주는 게 먼저지
다스리는 자가 더 어기고
해감내¹ 가득하니 숨게 된다
못 하게 할수록 더 하고 싶은 게 마음이지만
꼭 지켜야 할 것은 반드시 있어야 해
낮으나 높으나,
그래야 함께 빛난다

금과옥조: 소중히 여기고 지켜야 할 규칙이나 교훈. (金 쇠 금, 科 법 과, 玉 구슬 옥, 條 법규 조)

¹ 해감내: 물 찌꺼기의 냄새.

담 너머 일 모두 잊고
— 杜門不出

얼어붙은 마음에
봄이 올 틈도 없이
발록구니[1]처럼 등을 말고
혼자 두문불출杜門不出 중이다
시집간 딸은 소식도 없고
나라 꼴은 더 볼 것도 없고
"두문동 72인의 충절"[2]을
인터넷에나 들춰 보는 날들
잘 나갈 땐 조용히 집안에서 챙기고
큰일 나도 모른 척, 그게 제일 좋지
다 나쁜 놈들, 문 여는 내가 바보지
담 안쪽 바람만이 유순하다

두문불출: 집에 은거하면서 관직에 나가지 아니함을 비유한 말. (杜 막을 두, 門 문 문, 不 아닐 불, 出 날 출)

[1] 발록구니: 하는 일이 없이 놀면서 돌아다니는 사람.
[2] 두문동 72인의 충절: 조선 건국에 반대한 고려 유신 길재 등 72인은 개성 남동쪽에 있는 '부조현(不朝峴)'에서 조복(朝服)을 벗고 두문동(杜門洞, 현재 경기도 개풍군 지역) 들어가 사회와 단절하고 은거하였다.

둘 다 지쳤어 지금 가면 돼
— 伯仲之勢

누구 손을 먼저 잡아줘야 할까
얼쯤얼쯤[1] 망설이는 나무 그림자
백중지세(伯仲之勢)라네
누가 이기든 엄마는 웃지 않는다
엄마 사랑 쥐겠다고
몰몰[2] 피어난 두 손의 땀방울
네가 웃으면 동생이 울잖아
둘 다 참 잘했어, 이제 자자
별도 숨죽인 채 눕고
방 안엔 조용히 사랑이 식는다

백중지세: 서로 우열을 가리기 어려운 형세를 의미함. (伯 맏 백, 仲 버금 중, 之 갈 지, 勢 기세 세)

[1] 얼쯤얼쯤: 자꾸 주춤거리거나 얼버무리는 모양.
[2] 몰몰: 냄새나 연기 따위가 조금씩 약하게 피어오르는 모양.

어진 마음을 배우려거든 저 집에 가보렴
— 父慈子孝

손씻이[1]도 웃음으로 내어 주는 집

또, 가보고 싶다 저 문 안쪽

부자자효父慈子孝라더니

아버지도 아들도 빼쏘다[2] 더 정겹다

그 밥 말고 그 마음이었구나

그 품에 그 숨결이 닮았다

나란히 앉은 의자 둘

아버지의 시간을 기억한다

말 없던 그 손길

이제야 사랑이 들린다

바람에도 문 쪽을 보는 눈

아직, 기다림은 그 자리에 있었다

부자자효: 어버이는 자식에게 도타운 사랑을 베풀고 자식은 부모를 잘 섬기는 일. (父 아비 부, 慈 사랑 자, 子 아들 자, 孝 효도 효)

[1] 손씻이: 남의 수고에 보답하는 마음으로 적은 물건을 주는 일.
[2] 빼쏘다: 성격이나 모습이 꼭 닮다.

말없이 건네준 마음
―不立文字

칼끝에 걸린 말을 삼키고
수나롭게[1] 마음만 건넸다
불립문자不立文字라며
굳이 말은 세우지 않았다
말없이 안다는 건
애틋함이 오래 쌓인 사이
말결[2] 접고 눈빛만 주고받다
어느새 마음에도 무게가 실렸다
다 알아서 해주기에 고맙단 말 미뤘더니
식은 밥 위에 그늘이 내려앉는다
이토록 깊은 침묵의 골
참, 말없이 가깝다

불립문자: 불도의 깨달음은 마음에서 마음으로 전하는 것이므로 말이나 글에 의지하지 않는다는 말. (不 아니 불, 立 서다 립, 文 글월 문, 字 글자 자)

[1] 수나롭다: 무엇을 하는데 있어서 어려움 없이 순탄하다.
[2] 말결: 어떤 말을 할 때를 이르는 말.

주고받는 마음엔 뭐가 있을까
―心心相印

마음이 마음을 알아본다는 말,
심심상인心心相印이라며 웃던 나무 하나
종이 없어도 말이 오가고
소리 없이도 마음이 닿는 날이 있다
너무 조용해서 숨결도 숨어 버린 밤
쪼로니 앉아 누굴 기다리는 마음
시린 가슴 어루만지듯
다가온 손길 하나, 말은 없었지만
살짝쿵 흔들린 내 속내
어떻게 알고 이 밤 찾아왔을까
낚였구나, 들켰구나
그래도 사랑옵게▫ 참 좋았다

심심상인: 말없이 마음과 마음으로 뜻을 전함. (心 마음 심, 心 마음 심, 相 서로 상, 印 도장 인)

▫ 사랑옵다: 생김새나 행동이 사랑을 느낄 정도로 귀엽다는 뜻.

눈웃음 한 송이
―拈華微笑

웃음 넘치는 곳에 핀 꽃
그 안의 마음은 어디쯤일까
씁쓰레한 말, 꽃잎 끝에 묻고도
웃는 얼굴은 더 빛나 보였다
말없이도 전해지는 게 있지
웃음 하나로 마음을 건너갈 때
눈웃음으로 건넨 한마디
말 없는 꽃 한 송이, 염화미소拈華微笑더라
힘 있으면 뭘 해도 봐준다지만
힘없어도 웃음만은 놓지 말자
굄[*] 같은 그 웃음 하나
오늘도 조용히 나를 피워 낸다

염화미소: 말로 통하지 아니하고 마음에서 마음으로 전하는 일. (拈 집을 염, 華 빛날 화, 微 작을 미, 笑 웃을 소)

❙ 굄: 유난히 귀엽게 여겨 사랑함.

여기 있었는데 어디로 갔지
―屋上架屋

빛 좋은 개살구라더니
겉만 번지르르 속은 사라졌지
하나도 버거운데 말까지 덧댔다
옥상가옥屋上架屋, 그 위에 더 무겁게 쌓았다
소태[1]처럼 쓴 말 위에
방싯방싯 웃음 하나 꿰어 붙이며 견뎠다
아무렇지 않은 척 내가 미웠던 날
상크름하게[2] 그림자 하나 더 올라탔다
사리듯 꼭 다문 입술 사이로
툭– 튀어나온 말, 말꽃이 되어 버렸고
덧댄 말들, 텅 빈 나를 감췄다
비어 있다는 것 들키지 않도록

옥상가옥: 지붕 위에 또 지붕을 만든다는 뜻으로, 흔히 물건(物件)이나 일을 부질없이 거듭함을 이르는 말. (屋 집 옥, 上 위 상, 架 시렁 가, 屋 집 옥)

[1] 소태: 몹시 쓰다.
[2] 상크름하다: 바람기가 있어 선선하다.

누가 뭐래도 새것이 좋긴 좋아
―溫故知新

반짝이는 것엔 눈이 먼저 간다
낡았다는 말엔 고개부터 돌린다
온고지신溫故知新이라 하지
옛말 속에도 내일이 숨어 있어
마루금¹ 같은 말 한 줄
먼 길 돌아온 마음에 길을 내기도 하지
파닥파닥 때도 없이 바람이 불 땐
묵은 슬기가 먼저 손을 내민다
불씨 하나 남겨둔 줄 알았지
그게 다시 나를 태우더라
정작 낡은 건 옷이 아니라
끝내 건너보지 못한 마음의 달숨²이었다

온고지신: 옛것을 익히고 그것을 미루어서 새것을 앎. (溫 익힐 온, 故 옛 고, 知 알 지, 新 새 신)

¹ 마루금:산등성이나 사물, 마음의 경계를 따라 이은 선.
² 달숨:고르고 깊이 쉬는 숨, 마음을 가다듬는 조용한 호흡.

아직도 그러고 있어 이 좋은 날에
―犬猿之間

하루도 바람 한 점 안 잡던 날 없더니
오늘도 희치희치¹ 눈칫밥만 씹는다
견원지간犬猿之間, 그 말 닮이지
밥상머리마다 탁탁 빗방울 튀듯 튄다
지겹겠다 그 소리도
느루 듣자니 옆구리가 들썩들썩
누구 하나만 입 꾹 다물면 될 걸
웅성웅성 말마다 불씨를 숨긴다
이 좋은 날 뭐가 그리도 못마땅한지
투닥투닥 씻은 빨래마저 구겨지고
팽팽한 두 줄 뚝 끊어질 듯하다가
구메구메² 새끼들 웃음에 매듭 묶인다

견원지간: 개와 원숭이의 사이라는 뜻. 사이가 나쁜 두 관계를 비유적으로 이르는 말. (犬 개 견, 猿 원숭이 원, 之 갈 지, 間 사이 간)

1 희치희치하다: 피륙이나 종이가 군데군데 치이거나 미어진 데가 있다. 물건의 반드러운 면이 스쳐서 드문드문 벗어진 데가 있다.
2 구메구메: 남모르게 틈틈이.

8. 조용한 질문들

넌 누구니
―九牛一毛

찾든 말든, 없는 셈 치면 그만이지
있으나 마나 한 구우일모九牛一毛라면 말야
싹쓸바람[1]에 휘말린
나무 끝에 올라탄 거북 봤니
네가 그렇게 끌밋한[2] 줄은
숲 너머 하늘에서야 알겠더라
숲에서 바늘을 찾는 일도
그만두자며 새로 사자고 했지
민들레 홀씨보다 가벼운
너를 알아보는 눈은 없었고
모래 속 겨자씨였다며
그게 내 눈에 들어와 눈물 되더라

구우일모: 아홉 마리 소 가운데 털 하나. 아무것도 아닌 하찮은 일을 비유한 말. (九 아홉 구, 牛 소 우, 一 하나 일, 毛 털 모)

[1] 싹쓸바람: 육지의 모든 것을 싹 쓸어 갈 만큼 세차고 바다에는 배가 뒤집힐 정도로 세게 부는 바람.
[2] 끌밋하다: 차림새 따위가 매우 깨끗하고 헌칠하다.

묵은 벗이 오면 뭘 내놓지
—簞瓢陋巷

살찔 걱정 없는 집
즈런즈런[1] 못해서 찬밥만 데워 먹지
단표누항簞瓢陋巷이라도
겨르로이[2] 살다 보면 묵은 벗이 그립다
쌀독은 바람에 덜컹거리고
갚을 것만 쌓였지만
오늘은 있는 걸로 내자
저녁은 물로 채우더라도
귓속말로 너만 오랬는데
벗과 함께 웃음까지 들고 오다니
광주리에 걸린 가난을
쪽박으로 퍼내 물 한 모금 나눠 마신다

단표누항: 한 그릇 밥과 한 바가지의 마실 것으로 살며 더러운 거리에서 지냄의 뜻. 소박한 시골 생활을 비유해 이르는 말. (簞 소쿠리 단, 瓢 바가지 표, 陋 더러울 누, 巷 거리 항)

- [1] 즈런즈런: 살림살이가 넉넉해 풍족한 모양.
- [2] 겨르로이: '한가롭다'를 예스럽게 이르는 말.

벌어진 입은 다물 줄 모르고
―桑田碧海

뽕밭 있던 자리에
올랑올랑[1] 오디 대신 간판만 반짝인다
상전벽해桑田碧海라더니 딸국딸국[2] 뱉던 서울
언제 이렇게 들썩였을까
어릴 적 뛰놀던 곳
눈 씻고 봐도 가물가물
배가 뒤틀려, 안 먹어도 탈이 난다
두루딱딱이[3] 아라들이 세운 빌딩 숲
딱 맞던 골목인데
무게 잡고 뒤집더니 낯설어졌네
먼지 나던 그 길도
이제 사람 바다로 출렁이겠지

상전벽해: 뽕나무밭이 푸른 바다가 됨. 세상이 변함을 비유한 말. (桑 뽕나무 상, 田 밭 전, 碧 푸를 벽, 海 바다 해)

[1] 올랑올랑 : 놀라거나 두려워서 가슴이 자꾸 두근거리는 모양.
[2] 딸국딸국 : 조금씩 자주 마시는 모양, 숨 막히듯 터져 나오는 소리.
[3] 두루딱딱이 : 여러모로 알맞은 모양..

가까이 하기엔 너무 먼
―吳越同舟

배 위에선 웃지만
내리면 아기똥아기똥[1] 싸운다지
오월동주吳越同舟, 잡은 손
언젠간 뿌리칠 손일지도
너나들이 같던 사이라도
오달지게[2] 무서워질 때가 있어
같은 물에 떴으니
등이라도 맞대야지
구멍 난 배에선
서툰 미움도 물과 함께 새 나간다
힘 안 들이고 꿀꺽 삼킨 말끝 닫힘 위로
먼저 손 내민 자 끝내 살아남더라

오월동주: 원수가 한자리에 있게 된 경우이지만 서로 협력해야 하는 상황. (吳 오 나라 오, 越 월 나라 월, 同 같을 동, 舟 배 주)

- [1] 아기똥아기똥: 작은 몸을 좌우로 둔하게 흔들리며 잇따라 느리게 움직이는 모양.
- [2] 오달지다: 마음에 흡족하게 흐뭇하다. 허술한 데가 없이 알차다.

살피고 또 살피니 다 좋아하네
―一日三省

그림자 하나도 버릴 수 없어
조용한 이 마음, 절간인 줄 알았지
일일삼성一日三省 되뇌다 보니
가슴에 우물 하나 생기더라
낮은 목소리로
말없이 곧은 나무 곁에 마음을 세우고
발씨 익다[1]는 속내, 바람을 타고
천천히 하늘을 밀어 올린다
버리고 비로소 알게 되는 것
나라는 사람이 얼마나 서툰지를
푸서리[2] 같은 울음 멀리 돌아
가장 먼저 나를 안는다

일일삼성: 하루의 일 세 가지를 살핀다. 하루에 세 번씩 자신의 행동을 반성함. (一 한 일, 日 날 일, 三 석 삼, 省 살필 성)

[1] 발씨 익다: 여러 번 다니어서 발에 익숙하다.
[2] 푸서리: 잡초가 무성하고 거친 땅.

못으로 바늘을 만들다니
— 切磋琢磨

공짜 없다는 것 뻔히 알면서도

남들보다 돌아가는 길, 더디고 힘겹지

절차탁마切磋琢磨란 말 앞에서

괜히 부끄러워 숨긴다 땡땡이[1] 친 날들

뒤뜰 구석 돌멩이 하나

벼루 위에 앉은 너였더라

눈 뜨니 이마가 번쩍,

그새 책을 쥐도 새도 모르게 다 익혀 먹고

갈고 또 갈던 흔적들

이젠 안 보여, 다 속으로 스민 듯

물갈음[2]하듯 손마디 쌓인 아픔

누가 알까, 왜, 죽을 둥 살 둥 다 했는지

절차탁마: 옥이나 돌 따위를 갈고 닦아서 빛을 낸다. 부지런히 학문과 덕행을 닦음을 이르는 말. (切 끊을 절, 磋 갈 차, 琢 쪼을 탁, 磨 갈 마)

- [1] 땡땡이: 해야 할 일을 하지 않고 눈을 피하여 게으름을 피우는 짓.
- [2] 물갈음: 광택이 나도록 석재 표면에 물을 쳐 가며 가는 일.

그 작은 것을 찾느니 다른 일을 해야
―滄海一粟

바다를 조용히 삼키는
플라스틱 부스러기 하나
어찌 그걸 멱[1]으로
끌어올릴 수 있을까
창해일속滄海一粟보다도
못하다 낮춘다, 그 한 사람을
바다 입에 퐁당 빠졌는데
이젠 어디로 갔는지 모른다
하늘에 던져진 먼지 하나
눈을 씻고 동뜨게[2] 찾아도 안 보이고
마음 바다에 가라앉은 티끌
말없이 숨어 있다, 부끄러움처럼

창해일속: 넓고 큰 바닷속의 좁쌀 한 알이라는 뜻. 아주 많거나 넓은 것 가운데 있는 매우 하찮고 작은 것을 이르는 말. (滄 푸를 창, 海 바다 해, 一 한 일, 粟 조 속)

[1] 멱: 짚으로 날을 촘촘히 걸어 만든 그릇. 곡식을 담는 데 쓰인다.
[2] 동뜨다: 다른 것들보다 훨씬 뛰어나다.

가볍게 뛰어넘는 소리
—敎學相長

물 들기에 앞서
젓는 손길부터 익어 갔다
불어오는 바람 힘들어도
교학상장敎學相長이라 얼굴이 활짝
가르치며 배우는 날마다
말이 피고 글이 익었지
한힌샘[1], 외솔[2]의 뜻 따라
우리말 속에서 길을 찾으며
파릇파릇 웃음, 노릇한 하루
펑펑 터지는 웃음보 따라 말꽃이 자랐다
꽃비를 밟으며
여름 속으로 배움도 함께 들어섰다

교학상장: 가르침과 배움이 서로 진보시켜 준다는 뜻. (敎 가르칠 교, 學 배울 학, 相 서로 상, 長 성장할 장)

[1] 한힌샘: 크고 흰 샘. 국어학자 주시경의 별호.
[2] 외솔: 외따로 서 있는 소나무. 국어학자 최현배의 별호.

저 깊은 속 알 수가 없어 물속은 알아도
― 九重宮闕

할 말이 있는데
너무 깊이 숨어 버려 닿질 않아
따리꾼¹이 지키는
구중궁궐九重宮闕 속이라 그런가
이젠 끝이 보인다 해도
그곳은 너무 멀고 외로워
홀로 얼마나 힘들었을까
개 짓는 소리조차 먼데
외딴섬처럼 다 끊기고
무수기²는 어디서 어떻게 만나야 하나
누가 사는지 알고 싶지만
보려고 해도 자꾸만 안 보인다

구중궁궐: 아홉 겹이나 되는 깊숙한 곳. (九 아홉 구, 重 무거울 중, 宮 집 궁, 闕 대궐 궐)

1 따리꾼: 알랑거리면서 남의 비위를 맞추며 살살 꾀어내기를 잘하는 사람을 낮잡아 이르는 말.
2 무수기: 조수간만의 차이. 썰물과 밀물의 차이.

비누가 많이 들겠다 빨래하려면
— 近墨者黑

끼리끼리 어울리면
어느새 물드는 게 사람이라
근묵자흑近墨者黑이라 했듯
웃음 얼굴 옆엔 웃음이 피고
물들긴 쉬워도
도드미[1]로 걸어 내긴 참 더디지
어둠 좋아한 겨울밤
먹빛도 몰래 더 진해지고
먹 묻은 개가
하얀 개에게 저리 가란다
묵은지 같은 벗들 속에
몽질이[2] 빠져 이 몸도 스민다

근묵자흑: 먹을 가까이 하는 사람은 검어진다. 착한 사람과 사귀면 착해지고, 나쁜 사람과 사귀면 나쁜 영향을 받게 된다는 뜻. 교육 환경의 중요성을 강조한 말. (近 가까울 근, 墨 먹 묵, 者 사람 자, 黑 검을 흑)

[1] 도드미: 구멍이 굵은 체.
[2] 몽질이: 하나도 빠짐없이 모두.

길 위에 핀 꽃 못 봤어
―亡羊之歎

이 길 저 길 헤매다
한숨뿐인 주름살만 늘었지
망양지탄亡羊之歎에 젖어
밝은 길조차 눈에 안 들어와 각다분하다[1]
배우고 또 배워도
이 길이다 싶으면 또 어긋나고
꿈엔 늘 모르는 길만 나오고
눈 뜨면 또 낯선 갈래
눈설레[2] 듯 힘겨운 하루하루
한번 꼬인 건 풀기 어려워
풀린 다리가 웅크려 울고 있다
그 먼 길, 믿고 갔는데 딴 길이더라

망양지탄: 여러 갈래 길에서 양을 잃고 탄식함. 학문의 길도 여러 갈래라 길을 찾기 어렵다는 말. (亡 잊을 망, 羊 양 양, 之 갈 지, 歎 탄식할 탄)

[1] 각다분하다 : 일을 해나가기 힘들고 고되다.
[2] 눈설레 : 눈이 내리면서 차가운 바람이 몰아치는 현상.

9. 가슴에 맺힌 말, 고요한 탄식 속 사람의 온기

눈물이 마를 날이 있을까
―麥秀之嘆

아, 옛터엔 보리만 무럭무럭
그 많던 숨결은 다 어디로
맥수지탄麥秀之嘆에 잠기지 않으려
나라란 둥지를 튼튼히 지켜야 했는데
빼앗긴 사랑엔 봄도 더디게 오고
결결이[1] 술로 속을 달래며 살았지
뿌리 내릴 땅이 사라진 뒤엔
발 뻗을 자리조차 좁기만 했고
목숨 걸고 깔깔하게 건넨 그 말,
보리菩提[2]였는데 왜 몰랐을까

맥수지탄: 보리만 빼어나게 자란 것을 보고 깊이 탄식함. (麥 보리 맥, 秀 빼어날 수, 之 갈 지, 嘆 탄식할 탄)

[1] 결결이: 어떤 일이 일어나는 그때마다. 경우에 따라서 가끔.
[2] 보리: 불교에서 깨달음, 정각의 지혜를 뜻함. 산스크리트어 bodhi를 음역한 것이다.

죽음으로 지켜내지도 못하고
—悲憤慷慨

뺏은 땅도 모자라
밥그릇까지 내주었지
이젠 호미 하나 남았는데
그마저 슬그머니 넘보더라
비분강개悲憤慷慨 말라며
머릴 주억거리다[1] 말았지만
아, 구린 돈이면 다 된다니
허물지는 이가 웃으며 윗자리를 틀고
가재는 게를 감싼다더니
개까지 불러 상을 차려 올렸구나
그때 떠올렸다면 쪽박은 안 찼을까
아무리 날쌔도, 감또개[2]였던 거지

비분강개: 의롭지 못한 일이나 잘못되어 가는 세태가 슬프고 분한 마음. (悲 슬플 비, 憤 분할 분, 慷 강개할 강, 慨 분개할 개)

[1] 주억거리다: 고개를 앞뒤로 천천히 끄덕거리다.
[2] 감또개: 꽃과 함께 떨어진 어린 감.

다오, 제발!
―風樹之嘆

눈물에 끼인 그리움 흐노니[1]
꿈에라도 만났으면 좋으련만
잘살면 모시겠다 큰소리쳤건만
기다려 주실 줄 알았지요
바람에 떠는 나뭇가지가
그대 마음이었다는 걸
풍수지탄風樹之嘆이라 하지 않던가요
부르짖을수록 더 멀어지는 그 말
비빌 언덕이 사라졌다고
이제야 우는 건 늦었지요
삭정이[2]가 흔들리는 저 산자락에
그립다는 말, 이제라도 다오

풍수지탄: 나무는 조용히 있고 싶어도 바람이 그쳐 주질 않고, 자식은 봉양하고자 하나 어버이는 기다려 주지 않아 탄식함. (風 바람 풍, 樹 나무 수, 之 갈 지, 嘆 탄식할 탄)

[1] 흐놀다(활용형 흐노니): 무엇인가를 몹시 그리면서 동경하다.
[2] 삭정이: 살아 있는 나무에 붙어 있는, 말라 죽은 가지.

애들 배는 뭐로 채우지
―糊口之策

그나마 입에 풀칠이라도 했으니
배고프단 소린 덜했지
푸른 달[1]만 넘기면 된다며
또 하루 숨죽이며 버텼다
쌀 없으면 고구마로
고구마 없으면 맹물이라도
밥을 언제 먹었더라,
풀풀 날리던 수제비 맛
혀끝이 먼저 그리워했다
이게 바로 호구지책糊口之策이라지
겨우 숨만 붙여도 된다는
눈물이라도 먹으렴, 애야
줄 수 있는 건 구순한[2] 마음뿐이구나

호구지책: 입에 풀칠하는 계책. 가난한 살림에서 그저 겨우 먹고 살아가는 방책. (糊 풀칠할 호, 口 입 구, 之 갈 지, 策 계책 책)

[1] 푸른 달: 5월은 푸른 달(마음이 푸른 모든 이의 달)이라고 한다.
[2] 구순하다: 서로 사귀거나 지내는 데 사이가 좋아 화목하다.

다 어디로 사라졌지
―魂飛魄散

그냥 주저앉고 말았지
또 무슨 일이 덮칠지 몰라
쑥대밭이 된 집 안과 실터[1] 앞에서
혼비백산魂飛魄散 넋이 나갔다
어디냐, 어쩌란 말이냐
일비[2]도 못한 채 허둥댔어
참수리 그림자, 쥐도 새도 모르게 낚아채고
줄행랑치는 물새처럼 숨었다
겨우 벼랑끝 손톱으로 잡고 겨우 올랐더니
코앞엔 호랑이― 에라, 같이 죽자
숲속, 제 발소리에 놀라 자빠진 토끼
이래서 집토끼라 했나 보다

혼비백산: 넋이 날아가고 넋이 흩어짐. 몹시 놀라 어찌할 바를 모름. (魂 넋 혼, 飛 날 비, 魄 넋 백, 散 흩어질 산)

- [1] 실터: 집과 집 사이에 남은 길고 좁은 빈터.
- [2] 일비: 한 팔 또는 한쪽 팔꿈치라는 뜻으로, 늘 가까이 있으면서 도움이 되는 사람을 이르는 말.

와! 어떻게 이럴 수가
―換骨奪胎

얼마나 아팠을까
그걸 온몸으로 견디다니
환골탈태換骨奪胎라더니
이젠 웃음이 푼푼하게[1] 흐른다
몰라봤지, 우리 어디서 봤더라
"아! 맞다... 그때 그 아이였구나"
제대로 배운 적도 없는데
벌써 저런 그림을 그리다니
어리마리[2]한 속에서도
칼날처럼 갈고 닦았구나
돈으로 바꿀 수 없는 건
머릿속에 피는 꽃이라는 걸

환골탈태: 몸과 얼굴이 몰라볼 만큼 변한 것을 비유함. (換 바꿀 환, 骨 뼈 골, 奪 빼앗을 탈, 胎 아이 밸 태)

[1] 푼푼하다: 모자람이 없이 넉넉하다.
[2] 어리마리: 잠이 든 둥 만 둥 하여 정신이 흐릿한 모양.

나눔은 또 다른 기쁨
— 結草報恩

허기졌던 보릿고개,
보리밥 한 그릇으로 채워졌지
그 뜨거운 마음
결초보은結草報恩이라 했던가
어우렁더우렁¹ 지은 곳간에
가난마저 웃었다
곰비임비² 마냥 쌓아올린 마음들이
따스하게 퍼졌다
나눔은 또 다른 씨앗,
풀잎 하나에도 든 사랑
가난의 등을 다독이며
묻든다 가을빛처럼

결초보은: 풀을 묶어 은혜를 갚는다는 뜻으로 은혜를 잊지 않고 꼭 보답한다는 말. (結 맺을 결, 草 풀 초, 報 갚을 보, 恩 은혜 은)

1 어우렁더우렁: 여러 사람과 어울려 들떠서 지내는 모양.
2 곰비임비: 물건이 거듭 쌓이거나 일이 계속 일어남을 나타내는 말.

손발이 척척 맞아도 너무 잘 맞아
―管鮑之交

너와 함께라면
뭐든 할 수 있어 안다미로[1]
그 힘겨운 날도
우린 늘 관포지교管鮑之交잖아
늪처럼 질척한 미적분도
서로 믿고 건넌 강이었다
"척 붙었지!" 그 말 한 줄
아직도 그 마음 가슴에 새긴다
맛깔나게 주고받는 추임새
손발 척척 맞는 두 어깨가
새뜻한[2] 노래로 울려 퍼질 때
정말, 미쁘다 너란 사람

관포지교: 관중과 포숙의 사귐이라는 뜻, 친구 사이의 깊은 우정을 가리키는 말. (管 맡을 관, 鮑 절인 물고기 포, 之 갈 지, 交 사귈 교)

[1] 안다미로: 담은 것이 그릇에 넘치도록 많이.
[2] 새뜻하다: 새롭고 산뜻하다.

몰라보겠어 눈부시게 달라서
―刮目相對

책장 넘기는 소리,
졸음 부르는 줄만 알았지
할금할금[1] 듣던 글귀,
시시하다 여긴 그 한 자락이
퍼덕퍼덕 살아 뛰는 고기가 되어
가슴 안에서 뛰었다
괄목상대刮目相對라 했던가,
눈을 씻고 다시 본다 했지
'참 잘했어요.' 그 한마디 들으려고
그 싫던 책 속으로 기웃기웃
어리뜩하다[2]던 아이가
으뜸처럼 환히 빛났다

괄목상대: 눈을 비비고 상대방을 다시 본다는 뜻. 학문이 이전보다 크게 진보하여 다른 사람으로 여길 만큼 부쩍 는 것을 일컫는 말. (刮 비빌 괄, 目 눈 목, 相 서로 상, 對 대할 대)

[1] 할금할금: 곁눈으로 살그머니 보는 모양.
[2] 어리뜩하다: 말이나 행동이 어리석어 보이는 데가 있다.

저 목소리에 귀 기울여야
―異口同聲

이구동성異口同聲이라
다 같은 말인 줄 알았지
들썩들썩 입마다 틈이 보이고
어일싸[1] 숨도 쉬기 전 속이 끓었다
누가 먼저였을까
불씨 같은 말, 가슴을 밟고 갔다
가슴에 앉은 소리
숲정이[2] 마음 하나 조용히 움츠리고
들리지 않는 말에 더 귀를 세운다
하루에도 몇 번씩
내 목소리가 뒤로 밀렸다
모두의 말 속에서
나는 나를 꺼내야 했다

이구동성: 입은 다르지만 소리는 같음. 여러 사람의 말이 한결같음. (異 다를 이, 口 입 구, 同 같을 동, 聲 소리 성)

[1] 어일싸: 깔보거나 비웃을 때 쓰는 감탄사.
[2] 숲정이: 마을 근처에 있는 수풀.

더하거나 빼지도 말고 있는 그대로
―董狐之筆

죽음도
막을 수 없는 큰일
얼마나 떨렸을까, 그 붓 끝은
볕뉘[1]도 마다하지 않고
동호지필董狐之筆로 남긴 그 한 줄
목숨처럼 빛났다
눈감지 않고 있는 그대로
가무리지[2] 않고 적는 마음
그게 바르게 사는 길이었다
큰 힘에도 고개를 숙이지 않고
아픈 말일수록
더 조용히 적었다

동호지필: 기록을 맡은 이가 권세를 두려워하지 않고 사실을 그대로 적거나 직필하여 역사에 남기는 일. (董 동독할 동, 狐 여우 호, 之 갈 지, 筆 붓 필)

- [1] 볕뉘:작은 틈을 통하여 잠시 비치는 햇볕. 즉, 다른 사람으로부터 받는 보살핌이나 보호.
- [2] 가무리다:남이 보지 못하게 숨기다. 몰래 혼자 차지하거나 흔적도 없이 먹어 버리다.

웃어도 웃는 것이 아닌데 네 마음 내가 알지
―以心傳心

아기 울음보다
여낙낙[1] 젖부터 물리는 엄마처럼
말 안 해도 안다
이심전심以心傳心이 따로 있나
숨결만 스쳐도
물비늘[2]처럼 마음이 먼저 흔들리지
문고리도 안 돌렸는데
어느새 방 안으로 들어와 있더라
에루화, 그렇게 들켰지
네 눈빛이 먼저 문을 열었거든
웃어도 웃는 게 아닌 마음
살짝 덮어 두자, 지금은 우리 둘뿐이니

이심전심: 마음으로써 마음을 전하다. (以 써 이, 心 마음 심, 傳 전할 전, 心 마음 심)

[1] 여낙낙하다: 성품이 곱고 부드러우며 상냥하다.
[2] 물비늘: 잔잔한 물결이 햇살 따위에 비치는 모양을 이르는 말.

10. 농담을 감싼 깊은 웃음

참 잘 키웠어요
— 孟母三遷

남다르다는 걸
먼저 알아본 사람
아들 위해
슬겁게¹ 길을 찾아 나섰다
맹모삼천孟母三遷이라지만
짐도 풀 새 없이 떠돌고
겨우 자릴 잡은 그곳
그런데, 돈이 없다
에움길² 돌까 두려워
빚을 내어 지킨 자리
그렇게
바지랑대³까지 다 내주었다

맹모삼천: 맹자의 어머니가 세 번 이사했다는 뜻. 교육에는 환경이 중요하다는 말. (孟 맏 맹, 母 어머니 모, 三 석 삼, 遷 옮길 천)

1 슬겁다 : '슬기롭다'의 옛말. 마음씨가 너그럽고 미덥다.
2 에움길 : 굽은 길. 또는 에워서 돌아가는 길.
3 바지랑대 : 빨랫줄을 받치는 긴 막대기.

믿음 하나는 믿을 만해
―尾生之信

뭉쳐야 산다는
그 말 정말인 줄 알았다
다붓다붓[1] 모이고 또 모이며
낡은 지붕 아래
무너질 걸 알면서도
첫눈 내리던 날, 만나자 했잖아
그 말 하나 믿고
기다리고 또 기다리다
펑펑 내린 눈에 파묻혀
차갑게 죽었다
이사빛[2]도 못보고
미생지신尾生之信하면, 다 그런 거니

미생지신: 답답할 정도로 융통성 없이 약속을 지키는 것을 가리키는 말. (尾 꼬리 미, 生 날 생, 之 어조사 지, 信 믿을 신)

[1] 다붓다붓: 여럿이 다 매우 가깝게 붙어 있는 모양.
[2] 이사빛: 이른 아침에 뜨는 따사로운 햇빛.

쉿! 귓속말로 해
—不言長短

듣기만 해도 가슴을
비사치게[1] 후비는 말 짜증나는 말
"슬기는 못하는 것이 없다는데, 넌 왜 그래"
—엄마, 불언장단不言長短 못 들어봤어요
나도 잘하는 것이 있는데……
그 말, 너무 서러워요
윤슬은 반짝이지만
감투밥[2]도 따뜻하잖아요
누가 더 잘났는진 모르지만
—어느 소가 잘 끄는지는
귓속말로 말한다는데
그 말, 꼭 큰소리로 해야 해요?

불언장단: 다른 사람의 장점과 단점을 함부로 이야기하지 않는 다는 말. (不 아니 불, 言 말씀 언, 長 긴 장, 短 짧을 단)

[1] 비사치다: 직설적으로 말하지 않고 에둘러 말하여 깨우치다.
[2] 감투밥: 그릇 위까지 수북하게 담은 밥.

거기 누구 없소
—四面楚歌

내 편,
이젠 없다
차갑게 내민 손
더 차갑게 떤다
겨울바람은 스산하고
갈 곳도 까맣게 잊었다
검불덤불[1] 동동 구르는 발소리
사면초가四面楚歌에 빠졌다
든벌[2]만 만지작거리며
눈물 머금은 보름달을 본다
그리움을
야무지게 깨문다

사면초가: 사방에서 들려오는 초나라의 노랫소리라는 뜻. 적들에게 둘러싸인 외롭고 힘든 상황을 가리키는 말.(四 넷 사, 面 얼굴 면, 楚 초나라 초, 歌 노래 가)

[1] 검불덤불: 한데 뒤섞이고 엉클어져 어수선한 모양.
[2] 든벌: 집 안에서만 입는 옷이나 신발.

어떻게 알았지 꼭꼭 숨었는데
—三顧草廬

얻을 수 있다면
어디든 가고 또 가야지
두 손 비우고 마음을 내어 주며
하물하물[1] 되길 기다리고
그 꿈 이루기 위해
찾고 찾았다
앞을 내다보는 사람,
그건 단비처럼 와 닿는 사람
나는 거춤거춤[2] 숨었는데
어떻게 알았을까
삼고초려三顧草廬하듯
찾아 주다니

삼고초려: 세 번 오두막집을 찾아간다는 뜻. 훌륭한 사람을 신하로 삼기 위해 정성껏 찾아다니며 청하는 것. (三 셋 삼, 顧 돌아볼 고, 草 풀 초, 廬 오두막집 려)

[1] 하물하물: 푹 익어서 무른 모양.
[2] 거춤거춤: 일을 대강대강 하는 모양.

보이는 것이 다가 아니더라
—井底之蛙

바다가 뭔지도 몰랐다
우물 안 틀에 갇힌
하늘만 다인 줄 알았다
왕배덕배[▪] 허우적대며
더 넓은 곳을 모른다니
정저지와井底之蛙가 따로 없다
어리마리한 눈으로
새로움은 겁내고
스스로를 가뒀다
여름만 알고 겨울은 모른다
깨야 할 건
내 마음이란 것도

정저지와: 우물 안의 개구리. 식견이 매우 좁은 것을 비유하는 말. (井 우물 정, 底 밑 저, 之 어조사 지, 蛙 개구리 와)

▪ 왕배덕배: 이러니저러니 하고 시비를 가리는 모양.

흠잡을 데가 없어 시시하다
―天衣無縫

그림자에도 스며든 멋
바늘구멍조차 찾을 수 없다
덧댈 틈도 없이
있는 그대로
천의무봉天衣無縫이라지만
뱃성[1]도 싹 달아난 맵시
걱실걱실[2]하다 물살처럼
수제비 뜬 마음 하나
툭, 떠밀고 간 아픔
또바기[3] 덤덤하게 웃고
손톱달이 살짝 꼬집어도
흠집 하나 없다, 그게 더 슬프다

천의무봉: 선녀의 옷은 꿰맨 자리가 없다는 뜻. 곧 기교의 흔적이 없이 자연스럽게 정리된 시문이나 서화를 일컫는 말. (天 하늘 천, 衣 옷 의, 無 없을 무, 縫 꿰맬 봉)

[1] 뱃성: 갑자기 발칵 일어나는 짜증.
[2] 걱실걱실: 성질이 너그러워 말과 행동을 시원하게 하는 모양.
[3] 또바기: 언제나, 한결같이, 꼭 그렇게.

쿡 찍어야 제 맛
― 畵龍點睛

술 익어 가는 소리
입술을 살며시 적신다
너를 해낙낙하게[1] 그리며
사랑옵게 감긴 눈매에 머문다
차마 그리지 못한
눈동자 하나, 숨처럼 맴도는
쿡— 찍으면 품에 안길 것 같아
그리움 번진 멍 따라
붓 하나 반둥건둥[2] 떨린다
벗은 마음 끝에 숨을 얹는다
콕, 그 한 점
화룡점정畵龍點睛, 이제야 너는 살아난다

화룡점정: 용을 그린 뒤에 눈동자를 찍는다는 뜻. 가장 중요한 부분을 완성한다는 말. (畵 그림 화, 龍 용 룡, 點 점 점, 睛 눈동자 정)

[1] 해낙낙하다: 마음이 흐뭇하여 만족하는 느낌이 있다.
[2] 반둥건둥: 일을 다 끝내지 못하고 중간에 성의 없이 그만두는 모양.

또 고친다고? 잠이나 자자
—朝令暮改

돌아서자 마자 또 바뀌면
군불은 언제 지피나
힘힘히[1] 바뀌는 조령모개朝令暮改
따르는 사람, 힘이 다 빠지지
먹물 머금은 붓 쉴 틈도 없이
또 고친다니, 해미[2] 속 같아
기다려봐―
맨 처음 거 찾을걸
심심하진 않겠다만
제대로 된 건 하나도 없고
늦게까지 일을 시켰으니
하제[3], 돈이 꽤 나가겠어

조령모개: 아침에 내린 명을 저녁에 바꿈. 일을 자주 뜯어고치는 것을 이르는 것. (朝 아침 조, 令 하여금 령, 暮 저물 모, 改 고칠 개)

- [1] 힘힘하다: 기운이 없고 매우 허약하다. 기세나 기운이 약하고 뚜렷하지 않다.
- [2] 해미: 바다 위에 낀 아주 짙은 안개.
- [3] 하제: 내일. 다음 날을 가리키는 순우리말.

그래도 돼, 너는
-後生可畏

자울자울[1] 감긴 눈
는개[2]처럼 희미했지
그런데, 한 대 맞은 듯
번쩍- 다시 눈을 떴다
낡음을 밀어내는 힘
그건 나를 확 깨우는 가르침
처음처럼 늘 새로이
허물을 벗고 또 벗는다
부끄러움마저 털어 내며
단단해지는 마음 끝에
그래도 돼, 너는
가슴에 꼭 새긴 후생가외後生可畏

후생가외: 젊은 후학들이 실력이 좋아 두려워할 만하다는 뜻.

(後 뒤 후, 生 날 생, 可 옳을 가, 畏 두려워할 외)

- [1] 자울자울: 잠이 들 듯 말 듯하여 몸을 앞으로 숙였다 들었다 하는 모양을 나타내는 말.
- [2] 는개: 안개비보다는 조금 굵지만 이슬비보다는 가는 비를 말함.

발 문

한자를 공부하게 하면서 한글을 사랑하게 하는 마술 같은 시집

이승하(시인, 중앙대학교 교수)

하인근 시인의 새 시집 원고를 받고 큰 감동과 충격을 받았다. 사자성어로 시를 쓸 생각을 하다니! 한자 한 글자 한 글자의 훈과 음을 쓰고 순우리말까지 뜻풀이를 하다니! 딱딱한 한자 공부가 아니라 사자성어를 재료로 멋진 요리를 선보이다니!

각각의 시편도 해학이 넘친다. 심오한 사색의 시가 아니라 유쾌한 입담의 시다. 시의 본문이 10행 정도라 눈으로 읽는 동안 시와 사자성어의 뜻과 순우리말이 삼박자를 맞추어 우리의 뇌리에 불빛을 반짝인다. 어떻게 이런 시집을 낼 생각을 하다니, 그 기발한 착상에 경악을 금치 못하겠다.

내가 큰 감동과 충격을 받은 또 하나의 이유는 요즈음 대학생들이 한자를 너무 몰라서 수업 진행이 안 되는 경험을 종종 하고 있기 때문이기도 했다. 젊은이들이 한자를 모른다는 것은 국가 경쟁력을 현저히 떨어뜨리는 일이다. 교육 일선에 있는 사람들이 이를 몰라서 답답함을 느끼고 있던 터에 이 시집은 나의 숨통을 틔워주는 통쾌한 일이 아닐 수 없다.

학생들에게 좋은 시를 많이 읽히는 것이 가장 좋은 시작법 교육이다. 수업 시간에 학생들이 흥미로워할 시를 골라서 읽히는데 한자를 읽지 못해 낭독이 중단되는 경우가 종종 있다.

지난 학기에 큰 충격을 받았다. 山은 읽는데 江은 못 읽는 것이다. 1980년대까지만 하더라도 시집을 낼 때 한자를 괄호 속에 넣어 병기(倂記)하거나 옆에다 작은 글씨로 병기하지 않고 그대로 썼다. 그래서 그때 나온 시집을 지금 20대, 30대 독자는 읽지 못한다. 기형도 시인의 등단작 「안개」를 한 학생에게 읽게 했다. 처음 노출되어 나온 한자가 '군단(軍團)'이다. 낭독을 시켰는데 '안개의'까지 읽고 낭독이 중단되었다. 이 쉬운 한자를 모르다니. 아는 학생 있으면 말해 보라고 했는데 강의실에 침묵이 흘렀다. 한 학생이 '앞 글자는 군이죠?' 하고 내게 물어보는 것이었다. 군대에 갔다 온 학생이었다. 맞다. 뒤의 글자는? 또다시 침묵이 흘렀다.

이 시에 나오는 군단, 성역, 취객, 총신 4개의 한자를 읽을 수 있는 학생은 삼십여 명 학생 중 한 명도 없었다. '강'을 못 읽으니 聖域, 醉客, 銃身을 어떻게 읽을까.

수천 년 동안 한자문화권에서 살아온 우리에게 한글이 소중한 만큼 한자도 소중하다. 일본어 공부를 할 때, 중국어 공부를 할 때, 한자를 전혀 모르면 학습 진도가 안 나갈 것이 뻔하다. 우리가 '국가 경쟁력'을 떠올릴 때 첫손에 꼽는 것이 일본이고 그다음 나라가 중국이다. 한류, K-문화를 자랑스럽게 생각하면 그것을 널리 전해야 하는데 어학 실력이 딸리면 참 곤란하지 않을까. 중국은 물론 간체자(簡體字)를 쓰고 있지만 한자를 많이 알면 간체자도 쉽게 해독할 수 있다. 한자로 된 수많은 서적이나 문화유산이 사장되고 있는 것도 안타깝다.

일본은 고등학교를 졸업할 때까지 배우는 상용한자가 1,850자다. 우리나라는 1970년대 말까지 1,300자를 상용한자로 지정해 초, 중, 고등학교를 다니면서 배우게 했다. 요즈음 대학생들은 획수(劃數)의 뜻을 모른다. 부수(部首)나 변(邊)의 뜻을 모른다. 초두밑 변의 생김새를 아는 대학생이 절반이라도 될까?

김영삼 정권 때였던 것 같다. '한글 전용'을 외치는 일부 학자들의 뜻을 교육부 장관이 받아들여 용단을 내렸다. 교과서 편찬을 할 때 한자가 몽땅 사라져 버렸다. 부모의 이름을 한자로 쓸 줄 모르는 학생들이 많아졌고 지금은 자신의 이름을 한자로 쓸 줄 모르는 학생도 많다.

감히 제안한다. 1,300자까지 아니더라도 500자 정도라도 읽을 수 있고 쓸 수 있는 교육이 행해지면 어떨까? 일본과 중국에 비해 우리 문화의 힘이 많이 약해지면 그들은 우리를 얕보지 않을까? 예전처럼 집적대려고 하지 않을까? '大雄寶殿'이라고 쓰면 못 읽기 때문에 절마다 '대웅보전'이라고 바꿔 쓸 날이 올지 모른다.

하인근의 시집 『시로 쓴 사자성어』의 또 하나의 특징은 매편의 시에 순우리말이 꼭 하나 이상 나와 우리말 공부를 함께 할 수 있게 한 것이다. 한자에 대한 강조가 사대주의의 소산이 아님을 웅변하고 있다. 이 시집의 독자는 시인의 상상력에 빨려들어 가면서 한자 공부를 할 수 있고, 순우리말도 알게 되는 일거양득이 아니라 일거3득, 일거4득이 가능하다.

하인근 시인은 중앙대 학군단 단장 출신인데 평생교육원에서 시를 공부할 때 예비역 중령임에도 전혀 내색하지 않았다. 낡은 트럭을 몰고 와서 시작법을 공부하고 가는 건설업 노동자의 모습을 보여주었을 따름이다. 시를 제출할 때 그의 손을 보면 완전히 노동자의 손이었다. 그런데 그는 체육학과 박사과정을 수료한 학생이기도 했다. 열심히 공부해 두 군데 문예지로 등단하였고 시집을 낸 바도 있었다.

사자성어의 응용 시편이라니. 이번에 정말 놀라운 시집을 세상에 내놓게 되었다. 고등학생도 대학생도, 군인도 일반인도 이 시집을 읽어나가면서 사자성어의 의미도 알게 되고 순우리말 공부도 하게 되기를 바란다. 하루에 한 편씩 하면 110일 만에 이 시집을 뗄 수 있다. 인근에 이 시집을 널리 알리고 싶다. 하인근 시인께 충성! 경례하고 싶다.